JN218168

元グーグル ピープル・ディベロップメント
ピョートル・フェリークス・グジバチ

Google流
疲れない働き方

Why **Googlers** deliver high output without fatigue?

はじめに

「毎日仕事が終わると、どっと疲れが出る」
「土日に休んでも、疲労がとれない」
「こんなに頑張っているのに、成果も出ないし、毎年毎年目標だけが積みあがる。もうヘトヘトです……」

本書を手に取った方の中には、日々こんなことを考えている方もいるのではないでしょうか。

僕は、グーグルをはじめ、各国の職場を見ていますが、はっきりいって、日本人は疲れている気がします。

皆さん、すごく頑張っています。

でも、各国の生産性を比べてみると、日本はどちらかというと、低いほう。

頑張っているのに、結果も出ないのですから、心身ともに疲れるのも無理はないかもしれません。

僕が以前仕事をしていたグーグルも、実際の仕事については厳しい会社です。

２０１７年に出版した『世界一速く結果を出す人は、なぜ、メールを使わないのか』（ＳＢクリエイティブ）でも書きましたが、「10ｘ」（テンエックス）といって常に10倍の成果を求められますし、優秀な人も多いのである程度の競争もあります。

でも、その分、「疲れない働き方」については、会社としても十分注意を払っているのです。

たとえば、マインドフルネスや瞑想を取り入れていることは皆さんもご存じでしょうし、カフェテリアにも健康を保つ仕組みがあります。

一方で、組織としても、「プロジェクトアリストテレス」という名前で、どんな組織が生産性が高くなるかを分析し、心理的ストレス（つまり疲れる要素）をなくしたほうが生産性が高まるとして「心理的安全性」の高いチームづくりを実践しています。

本書ではグーグルで学んだ「疲れない働き方」と、今僕が日本の企業を見て感じている「日本の組織で疲れずに成果を上げていくにはどうしたらいいか」といったことをもとに、皆さんが明日からでも効果を実感できる考え方や方法を紹介していけたらと思っています。

ロンドン・ビジネススクール教授のリンダ・グラットンは著書『ＬＩＦＥ ＳＨＩＦＴ』（東洋経済新報社）の中で「人生１００年時代」という概念を提唱しました。長い人生を生きていくためには、健康はもちろん、仕事以外の世界も増やしていったほうがよいと考えられます。

新たな時代の働き方のヒントも、提供していけたらと思います。

２０１８年２月

ピョートル・フェリークス・グジバチ

Google流　疲れない働き方　目次

第2章

疲れず生産性を上げる「エネルギー」と「感情」のマネジメント

――スプリントでメリハリをつけた仕事をする

第3章

確実に自分をチャージする食事・睡眠・運動の習慣

第4章

疲れる組織と疲れない組織
——心理的安全性が不安を取り除く

第5章

疲れない働き方
——意義を見つける

序　章

皆さん、疲れすぎていませんか？

疲れすぎている日本人

ポーランド出身の僕が、2000年に日本で働きはじめてもうすぐ18年になろうとしています。

僕は、ドイツ、オランダ、アメリカなどの国で暮らしてきましたが、これほど長い間、一つの国に腰を落ち着けたことはありませんでした。そんな僕が日本を気に入った一番の理由は、この国がとてもきれいな文化を持っているからです。

侘び寂びを感じさせる美しい文物や景色はもちろんなのですが、やはり「おもてなし」、相手に対する気配りには感心させられます。

高級料亭のような場所だけでなく、地方の小さな町であっても、誰もがおもてなしの心を持っている。外国人であろうとなかろうと、みんなすごく親切です。日本人にとっては当たり前のことかもしれませんが、こんな国は世界のどこにもありません。本当に、世界遺産レベルの、世界に誇れる文化だと思います。

図0-1　現在の“疲れ”の状態について、どの程度あてはまるか
（単一回答形式）

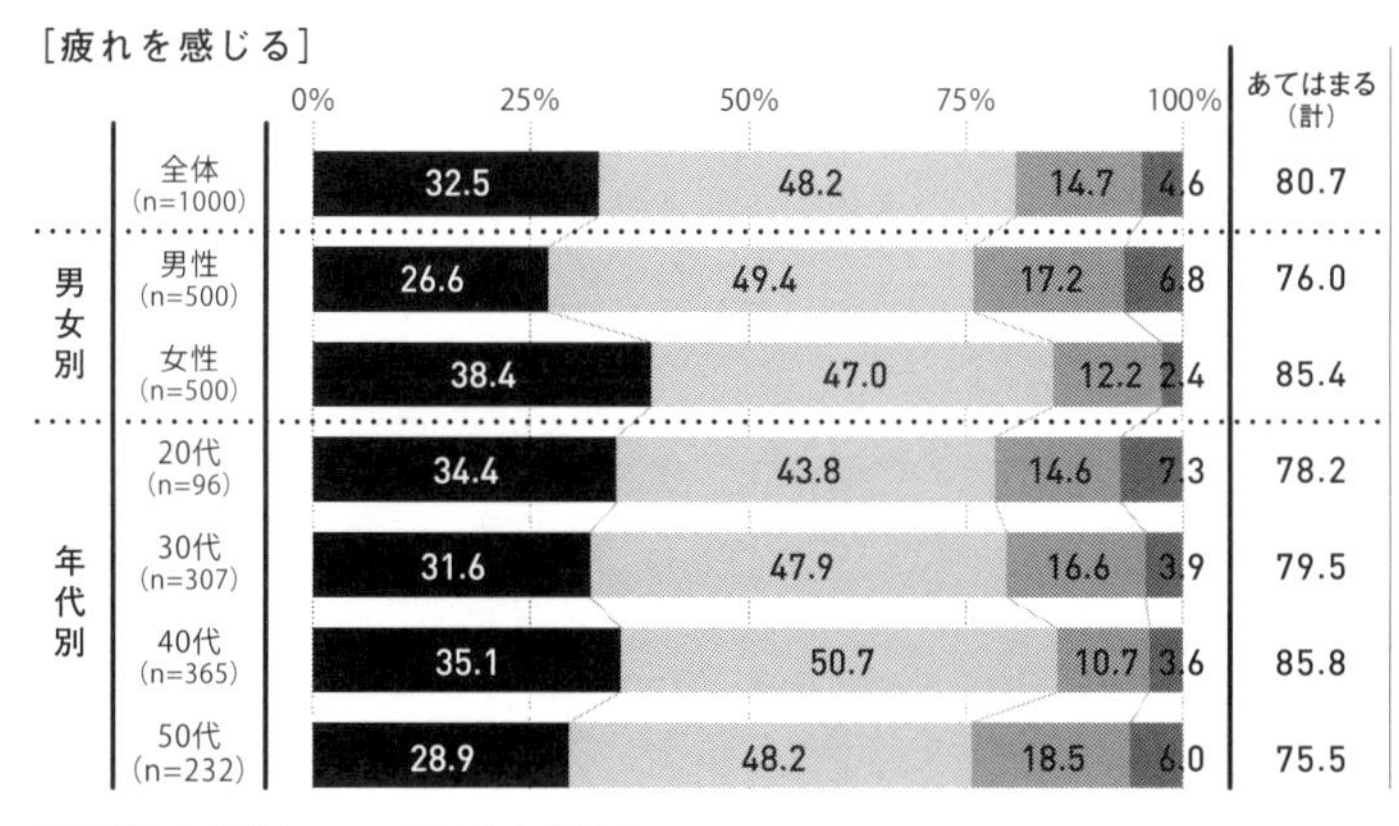

※養命酒製造株式会社調べ

ところが、です。

「働く」ことに関して、日本はまったく世界に誇れるような状況にはありません。誰も彼もが疲れ切っていて、うんざりしているようです。

養命酒製造が2017年に行なった「東京で働くビジネスパーソンの疲れの実態に関する調査」があります。これは、東京都で働く20〜59歳のビジネスパーソン1000名を対象にしたものですが、8割が「疲れている」と回答。40代だけ見ると85・8%にも達しています。働き盛りの年代が疲れているのは当然といえば当然ですが、調査対象者の7割は一晩寝ても疲れがとれない、6割は「リラックスしようとし

てもできない」過緊張状態にあるという結果になっています。

なぜ、こんなに疲れているのでしょう？

10年ほど前、僕は外資系の投資会社に勤めていたのですが、同じフロアに結構大きな日本企業の本社オフィスが入っており、社内の様子がよく見えました（入口がオープンだったのです）。

オフィスにはぎっちりとデスクが詰め込まれており、隣り合った社員は肩を突き合わせるようにして、身を縮めながら作業をしていました。それに比較すると、僕が勤めていたオフィスの机は広々としていて私物の本や写真も置けましたから、「ずいぶん窮屈そうだな」と同情したものです。そして、その日本企業の社員は集中しているというより、緊張した顔をしていました。

「いつもそんなに張り詰めた顔で、いったいどんな仕事をしているんだろう」と僕はいつも不思議に思っていたものです。

正午になると、その会社は昼休みを知らせるチャイムを鳴らしました。すると、社員はいっせいに立ち上がり、エレベータの前に並んでランチを食べに出かけようとします。そして13時になると、全員がやはりいっせいに戻ってくる。

これには、僕らも大いに困りました。外に出たいと思った時、運悪くその会社の昼休みに当たると、エレベータの前でずっと待ち続けなくてはならなかったんです。

言い方は悪いですが、こんな非効率な働き方は拷問でしかないと僕は思っています。

長時間働いても成果は出ない！

「毎日身を削って働いているのに、給料はたいして上がらない」

「長時間働いて残業代をもらわないと、やりくりが苦しい……」

そう感じている人は少なくないでしょう。

このことは、データにも現れています。

日本生産性本部の「労働生産性の国際比較2017年版」によれば、2016年の日本の時間当たり労働生産性は、46ドル（4694円）。米国の6割強の水準で、順位はOECD加盟35か国中20位。1位のアイルランドの95・8ドル（9773円）の半分程度です。1人当たり労働生産性は、8万1777ドル（834万円）、OECD加盟35か国中21位となっています。こちらも1位のアイルランドの168・724ドル

（1772万円）と比べると、半分以下となっています。

IMFによる名目GDPでは世界第3位の日本ですが、生産性の低さは目を覆うばかりです。同じくIMFによる1人当たりの名目GDPでも日本は世界第22位（2016年）にすぎません。

労働生産性というのは、時間当たりにどれだけの付加価値を生み出せたかという値ですから、乱暴にいえば日本人はとても非効率的な働き方をしているということになります。

「自分は頑張っているのに！」

そう言いたくなる気持ちはよくわかります。

皆さんは、ヘトヘトに疲れるまで働いているのに成果が出ないと思っているかもしれませんが、逆です。

「疲れている」から、成果が出ないのです。

なぜ、遊んでいるグーグル社員は高いアウトプットを出すか

僕は、これまでモルガン・スタンレーやグーグルなどのグローバル企業で働いてきました。なかでも、シリコンバレーにあるグーグル本社社員の働き方は非常に印象的でした。

真っ昼間から、大の大人たちが会社でバレーボールをして遊んでいたり、近くをランニングしていたりする。

グーグルの人たちはなんて気楽で恵まれているんだろう。超大企業で儲かっているから、あんなふうに遊んでいられるに違いない――。

そう思う人もいるかもしれません。

けれど、そうではないんです。

労働生産性は、時間当たりにどれだけの付加価値を生み出せたかを示す値だと述べました。**つまり、仕事で重要なのは、付加価値、アウトプットがいかに大きいかであって、どれだけ長時間職場にいたかではありません。**

グーグルの社員たちは、何もしなくても給料がもらえるから遊んでいるのではなく、最大限のアウトプットを出せるよう、心と体の状態を整えるために休息しているのです。つまり、バレーボールをすることも、実は仕事に直結しているのです。

日本の企業に勤めているサラリーマンは、デスクにいることが仕事だと考えがちですが、まずは自分の中で凝り固まっているこの「常識」を打ち破らなければなりません。

疲れずに仕事をするための「エネルギー」のマネジメント

とはいえ、「昼休みにバレーボールなんてできないよ！」という方も多いと思いますので、誰でもできる「大事な考え方」を紹介します。

それは、**自分のエネルギーをマネジメントする**、ということです。

先ほど、「アウトプットを高めるためのこと」「生産性を高めること」が仕事で重要であるとお伝えしました。

グーグルでは、社員自身が生産性を高く維持できるよう、４つの方面からの取り組みをしています。

それは、

①　体のエネルギー（physical energy）

② **感情のエネルギー**（emotional energy）
③ **集中のエネルギー**（mental energy）
④ **生きることの意義からくるエネルギー**（spiritual energy）

というもので、人間のエネルギーにはこの４つのレベルがあると考え、それぞれ整えていくのです。グーグルでは、「Managing Your Energy」と言われ、研修もしており、僕自身も認定講師をしていました（研修のライセンスはThe Energy Projectという会社が提供しています）。

①の体のエネルギーについては、食事・睡眠なども研究し、社員にフィードバックしています。

②の感情は、健康にも左右されやすいものです。たとえば、頭が痛い時は、前向きに仕事はできませんし、疲れてしまうと少しのことにもイライラしやすくなります。自分の体の状態を把握して健康的な生き方をし、ポジティブな感情を出すということも大切にしています。

③は、マインドフルネス瞑想など、日本でも話題にされることが多くなりました。いかに集中できるかは、情報の多い時代の課題かもしれません。本書では「フロー」

にも触れながら、集中して仕事をする方法を紹介していきたいと思います。
④は、いわば、自分と仕事の軸を整えるものです。自分が集中して取り組めるような目標を立てるなど、もっと大きな意味で、「疲れない仕事」を達成するために大事なものだと思います。

個人としてはこの4つ、それに組織として「心理的安全性」などの要素を加えて、社員が十分にパフォーマンスをあげられるような工夫をしているのです。

今までは「タイムマネジメント」というものが重宝されてきましたが、より自分に合った働き方のできる「エネルギーのマネジメント」によって、仕事の効率も、自分の満足感も変わってくるように思います。

一つひとつは、なんてことのないこともあるかもしれませんが、実践が大事です。ぜひ、皆さんの仕事に取り入れていただけたらと思います。

第1章

時間のマネジメントから、「集中力」のマネジメントへ

フローに入れる環境をつくる

タイムマネジメントより、集中力のマネジメントを意識しよう

これまでビジネスパーソンは「仕事は会社の席で行なう」などと場所を管理されたり、「9時から17時まで働く」というように時間を管理されたりしていました。

実はこうした仕事の仕方は工場と同じ。みんな同じ場所で、同じ時間で仕事をする、工場のラインのマネジメントです。

でも、これからのよりクリエイティブなことが必要な時代に、工場のようにみんなで同じことをする仕事の仕方がベストだとは言い難いですし、特にホワイトカラーの人にとってはこうしたマネジメントは向きません。

むしろ、

・**自分の「集中力」をマネジメントすること**
・**自分の「エネルギー」をマネジメントすること**

が大事です。

あるグーグルの上級役員は、「一流のエンジニアは、普通のエンジニアの３００倍価値があるアウトプットを行なう」と言っていますが、これはまさに「集中力」の違いといえるでしょう。

また、エネルギーを高めて、最大限集中力を発揮できるよう自分をマネジメントしていくことで、疲れずによりよい結果を出していくこともできるのです。

第1章では集中力、第2章でエネルギーや感情のマネジメントについてお話ししていきたいと思います。

フロー状態に入ると生産性が2倍になる！

高いアウトプットを出すためにはどうすればよいか？

実は答えは単純で、「集中」すること。

人間の脳は、1度にたくさんのことを認識するようにはできていません。「今この瞬間」しか認識できないのです。

今ではない、過去、未来のことを思い浮かべると、あっという間に意識がそちらにいってしまう。横から話しかけられたり、仕事を言いつけられたりしても意識は揺れ動いて、集中が乱されてしまいます。

雑念に惑わされず、よそ見をせず、今この瞬間に集中することがアウトプットを上げるためには絶対に必要であり、それこそが究極の仕事術といえるでしょう。

「そんなのは当たり前だ、昔から『集中しろ』と言われるじゃないか」。そう言いたくなるかもしれませんが、こうした脳の働きが科学的な研究対象となり、成果やメカニズムが明らかになりつつあります。

職場での仕事に限らず、趣味や何かの作業に没頭していて、気づくと何時間も経っていた。そんな経験をしたことは誰にでもあるでしょう。

この状態のことを、心理学用語で**「フロー」**と呼びます。

意識が最適化されて最高のパフォーマンスを発揮できるようになり、同時に心の充実感を感じられる——。

「フロー」という用語の提案者、ミハイ・チクセントミハイ博士は、「(フロー状態に入れば)どんなに難しいと思うことでも可能になる。我を忘れ、時間を忘れ、何か自分より大きなものに繋がっている感覚になる」と語っています。

フロー状態に入った人間の出すパフォーマンスは圧倒的です。

「フロー」を学際的に研究しているシンギュラリティ・ユニバーシティのFlow Genome Projectによれば、フロー状態に入ることで、

・創造性・課題解決能力は4倍になる
・新しいスキルの学習スピードが2倍速になる

図1-1　フロー のメリット

・創造性・課題解決能力が4倍になる
・新しいスキルの学習スピードが2倍速になる
・モチベーションが高まる（ノルアドレナリン、ドーパミン、エンドルフィン、アナンダミド、オキシトシンといった５つの脳内物質が放出される）
・痛みや疲労を感じなくなる

・モチベーションを高める5つの脳内物質（ノルアドレナリン、ドーパミン、エンドルフィン、アナンダミド、オキシトシン）が放出される
・痛みや疲労を感じなくなる

としています。

辛い辛いと感じながら長時間働いていては疲れますが、フロー状態に入ることで「疲れずに」「短時間で」「高いアウトプット」を得られるようになるのです。

日本ではフローというと、以前はアスリートが大きな結果を出す時の状態として紹介されることが多かったのですが、現在では、ビジネスでも注目されています。

たとえば、マッキンゼーの調査によれば、経営者がフロー状態を経験することで、その会社は5倍の生産性を発揮できるようになるという結果も出ています。要はフロー状態ですごくポジティブなエネルギーを出しているから、社員も共感でき、経営もよくなる、ということです。

したがって、大胆な価値・結果を生み出すためには、個人レベルだけでなく組織レベルでもフロー状態が不可欠です。

また、フロー状態の効果は、その場限りの短期的なものではありません。ハーバード大学のテレサ・アミアブル博士の研究によって、**「フローに入った次の日の創造性はさらに高まる」**ということがわかってきました。フローには、長期的に創造性を高める効果があるのです。

1日1時間30分フローに入れれば、生産性は2倍になる

いいことずくめのフロー状態ですが、いったんフロー状態が途切れると、戻るには最短でも15分間かかることもわかっています。

これは皆さんも経験的におわかりだと思います。せっかく「ノって」仕事をしてい

るのに、別の仕事を言いつけられてリズムを崩されるということはよくあります。

プログラマーなどをはじめとした現代の知識労働者は、1日のうち30～50％は邪魔の入らない時間を持つことが理想だとされています。

しかし、これも皆さん普段感じられていることでしょうが、そんなふうに集中できる時間はなかなかとれていないのではないでしょうか。

Flow Genome Projectのスティーブン・コトラー博士の研究によれば、平均的なビジネスマンは1日のうち5％程度しかフローに入っていないそうです。1日の勤務時間が8時間だとすると、30分弱しかフロー状態がないということになりますね。いや、30分も集中できていないよ……という方も多いでしょう。しかも、米マイクロソフトの調査によると、人間の集中力持続時間の平均は、2000年には12秒だったのが、2013年には8秒になっているそうです。

スティーブン・コトラー博士は、仮に1日のうち15％（8時間勤務なら1時間半程度）、フロー状態に入ることができれば、5％の場合に比べて、「仕事の生産性は2倍に上がる」と述べています。

したがって、いかにして邪魔されずフロー状態に入れる状況をつくれるかが、私たちの生産性を高めるために大事なことになってくるのです。

フロー状態に入るための17の要件

フロー状態で生産性が上がるとしても、「そんな簡単に集中できるのなら、苦労はしない！」と思った方もいるのではないでしょうか。集中しよう、集中しようと焦るあまり、かえって集中できなくなることだってあるでしょう。

いったいどうすれば、フロー状態に入れるのか。

日本でもフロー研究への関心が高まっており、段々とフローに入るための要件がわかってきました。

先ほどのスティーブン・コトラー博士は、フローに入るための要件を、個人の場合に7要件、チームの場合に10要件それぞれ述べています。

順に説明していきましょう。

【個人がフローに入るための7要件】

●心理的な要件：目の前の状況に意識を集中させるために整えるべきこと

1　明確な目標：「今、何に取り組んでいるのか」「何のために取り組んでいるのか」を具体的に自覚する

たとえば、今取りかかっている仕事について「何のための仕事か」を意識すると、それだけで集中力を高められます。スケジュール帳やＴｏｄｏリストに書いておくと、より明確になるでしょう。

2　リアルタイムのフィードバック：明確な目標に対し「どうしたらそれをもっとうまくできるか」をリアルタイムに把握し、結果と行動の因果関係を常につかんでおく

学習などの分野は、ゲーミフィケーションのような仕組みがすでに取り入れられています。答えを書いたらすぐにフィードバックが返ってきて、間違った理由などもわかれば、自発的に工夫したくなりますね。

仕事であれば、行動と結果の振り返りを自身でも定期的に行なうとよいでしょう。

3　難易度と能力のちょうどよいバランス：タスクの難易度を、ひるむほどではないが「少し手を伸ばせば届く」程度に調節する

簡単なことばかりやっていると、退屈してしまって、かえって集中度は高まらないものです。

時に、少し目標を高めに設定して仕事をします。いつも1時間かかっている仕事を40分で終わらせる、といったことでもよいでしょう。

●環境的な要件：整えるべき周辺環境

4　大きな影響力のある課題設定：ハイリスク・ハイリターンな挑戦を設定する

ハイリスク・ハイリターンの仕事に挑戦をしていれば、否が応にも緊張感は高まるものです。機会があれば、そうした仕事に手を挙げてみるのもよいでしょう。

5　ワクワクする環境：「新規性」「予測不可能性」「複雑性」の3要素が高い環境をつくる

新しくて予想がつかない仕事だったり、複雑な仕事などに、やりがいを感じる方もいるのではないでしょうか。ルーティーンと違って日々違う刺激があると人はワクワクできますし、慣れが生じないため集中力を高く維持できます。

たとえば、小田原にある、Ｈａｍｅｅという会社のオフィスは、「遊ぶように働く」

を実践しようと、会議室も港町をイメージしたつくりにし、「ドバイ」という名前の付いた部屋ならアラビア風、「カサブランカ」ならリゾート風など遊び心のある設計をしています。いるだけでワクワクするような環境で発想力が刺激されそうです。

6　全身が没入できる環境：全身を動かして五感をフルに活用しながら、タスクに取り組める機会をつくる

何かを考えるにしても、書きながら考えたり、つぶやきながら考えたり、時には歩きながら考えたりするほうが、よいアイデアが湧きやすいことはないでしょうか？ ただ考えるだけでなく、アクションを加えるとより集中して取り組めます。

●創造的な要件

7　パターンに気づき、パターンを壊す

今起きていることのパターンを読みとろうとしている時、人は集中します。ですが一度知ってしまうと、もう意識しなくてよくなるので怠惰になってしまいます。出来事の普遍的なパターンや、それに対する問題解決のパターンを読みとり、構築しながらも、それだけにとらわれず常に意識して別のスタイルを試そうとすることが

フローを長く保つ秘訣なのです。

【チームがフローに入るための10要件】

●社会的な要件

8　明確な目標の共有：組織としての共通の目標を、全員で明確に共有する

社会的なトリガーについては、チームのところでも触れます。グーグルでは、金曜日に行なわれる全世界の社員が参加するイベントが盛況でした。「社会をいかに変えるか」「なぜそれを我々がやるのか」、経営者の熱のあるスピーチはチームを一つにしていきました。

9　活発なコミュニケーション：定期的にフィードバックをし合い、活発にコミュニケーションを行なう

後で紹介しますが、飲み会やちょっとした職場での良好なコミュニケーションは、安心感につながり、集中して仕事に取り組める基本となります。「相手によい影響を与える」ということは、グーグルでも1年目から意識すべきあり方の一つでした。

10　コントロール感：自分が信じることを選択し挑戦できる自由、そのためのスキルを高められる成長機会を感じる

自分で仕事をハンドリングできる要素は必ず必要です。コントロール感が得られないと、「自分で考えない社員」が増えていってしまいます。

11　リスクの存在：リスク（失敗する可能性）があることに取り組む

チームとして、リスク（失敗する可能性）を一緒に負っているという認識を持つ。リスクのないことに取り組むときに人の潜在意識は最大化されませんし、チームの中で1人でも「自分は関係ない」とリスクを追わないメンバーがいるとき、チームのフローは一気に崩れます。全員が均等にリスクを追っている緊張感が大切なのです。

12　厳しさ：馴れ合いではなく、厳しい環境を自ら創り出す

チームは家族のように、何があっても仲良く寄り添える温かい関係だけではパフォーマンスが最大化されません。ある一定の成果や行動の基準を互いに求め合い、それが得られない時にはあえて厳しく接するプロのスポーツチームである必要があります。

13　平等な参加：チームの全員が、プロジェクトにおいて等しい量の役割を担う

不平等は不満の種になります。マネジメントが意識すべき問題です。

14　共通言語：集団の中での共通言語や知識ベース、暗黙の了解に基づく特定のコミュニケーションスタイルを持つ

たとえば、メルカリでは会社のバリューの1つである「GO BOLD（大胆にいこう！）」という言葉が日常的に飛び交っていて、現場の意思決定で迷った時は、より大胆なほうを選択する習慣があります。共通言語とは、その一言だけ言えば意思疎通ができる、合言葉のようなものです。これがあれば、集団の一員としての自分を認識でき、合意に時間を要さず、安心して集中することができますね。

15　エゴを超える：チーム全体が謙虚になる

自分がどう見えるか、どう成果を独り占めするかというような「エゴ」をメンバーが競い合っているチームでは、一向にフローは起きません。自分のエゴを手放し、謙虚になり、チーム全体の成果に集中することが大切です。そのためには、あえて主張したり競ったりしなくともお互いの存在を心から認め合えているような、心理的安全性の高いチームであることが何よりも土台になります。

16　傾聴：目の前の会話に完全に耳を傾け合う習慣を持つ

人は、「しっかり聞いてもらえる」と思った時に、アイデアや意見を伝えることに没頭できるものです。ですから、まずはチームの環境として、いつでも互いの意見に完全に耳を傾ける基盤ができていれば、自ずと新しいアイデアがメンバーからどんどん上がってくるようになります。

17　Yes And…：会話を必ず「確かにそうだよね、それに加えて……」ではじめる

傾聴に引き続き、相手を尊重するコミュニケーションのとり方です。こうすると誰のどんな発言でも活かされながら結論が導かれることになります。必ず活かしてもらえる安心感が、積極的な姿勢につながるのです。

「17もあるのか！」とびっくりされるかもしれません。また、自分はこんなに努力したってアスリートが経験するようなフローになんか入れるわけがない、と思われるかもしれません。フローというと、一般的には、とても高尚で手が届かないもの、努力

のしようもないものと思われているようです。

しかし、慶應大学大学院システムデザイン・マネジメント研究科でフロー研究を行なった世羅侑未（せらゆみ）氏は、こうした概念を覆しました。彼女の研究は、特に上記の要件の中でも、個人の心理的な要件を整えるメソッドを用いることで、**「非嗜好課題」（つまり自分が好きではないと思っている課題や作業）においても、フロー状態をつくることが可能である**という斬新な結果を導き出したのです。

17の要件のうち、全部を整えることが難しくても、大丈夫。環境が変えられなくても、チームの状態をすぐには変えられなくとも、個人が努力をすることで、フロー状態は意図的に起こすことができるということが証明されました。

僕も講演の冒頭で必ず言いますが、大事なことは、「好奇心を持って集中をしよう」ということです。一瞬一瞬、好奇心を持って集中すると、悪循環ではなく好循環が生まれます。その場での選択肢も増えてきます。

集中しやすい環境を確保する

フローに入るための方法について簡単にまとめましたが、それ以前に邪魔されない場所が必要な方も多いでしょう。まずはそのための環境を確保しなくてはいけません。

ＪＩＮＳが設立したメガネを医療に役立てようとするＪＩＮＳ ＭＥＭＥでは、人のパフォーマンスにかかわる調査も様々行なっています。

驚くのは、ビジネスパーソンがいつ集中しているかという調査の結果なのですが、**なんと会社にいる時間が一番集中力が低くなっていた**のです。さらに、どんな環境が一番仕事がはかどるのかという実験をした時に、遮断された空間で行なうのが一番はかどったという結果も出ています。

席が固定されている会社は多いと思いますが、人から話しかけられたり、急な用事を言いつけられる環境だとなかなか仕事に集中することはできません。自分が最大限の力を発揮できるよう、その環境はぜひ自分で意識してほしいところです。

たとえば、グーグルの社内や、ヤフーのロッジ（コワーキングスペース）には、ミーティングスペースのほかにも、ちょっと引きこもって一人で作業をするスペースもあります。疲れたらカフェや食堂もあり、自分の状況によって場所が選べる仕組みが整っています。


なかなかこんな会社はないのかもしれませんが、自席ではない場所、会議室やミーティング用のテーブルなど、会社の中にもう一つの「自分の場所」をつくっておけるとよいと思います。誰にも話しかけられずに仕事を進めたい時、また仮眠を取りたい時に、そうした場所があると逃げ込んで自分のペースを整えることができます。

僕も自分の好きなスペースをいくつかつくっておいて、自分のペースが崩れたり、集中ができなくなった時に、逃げ込んでいます。


社内で見つけにくければ、社外のカフェなどでもよいでしょう。

仕事場以外に自分の場所を確保している方は最近増えてきており、『モチベーション革命』や『ザ・プラットフォーム』などの本を出している尾原和啓さんも、グーグルにいた時は、森美術館でよく仕事をしていたそうです。

落ち着ける手頃な場所が見つからないというのであれば、自分への投資ということで、有料のスペースを借りることも検討すべきでしょう。都内であれば、月額数千円から2万円程度の会員制ライブラリーやコワーキングスペースはたくさんあります。

こうした投資は一見無駄なように思われるかもしれませんが、ストレスを感じて集中できていない状態にあるほうがよっぽど無駄です。

日本企業では「仕事は会社でするもの」という意識が強いため、自分の席を離れることに抵抗を覚える人も多いでしょうが、居心地のいい場所で仕事をすれば集中しやすくなって、パフォーマンスが上がるので、結果的に会社の利益にもなるのです。

集中力を保つ姿勢と呼吸

集中力を保つには姿勢や呼吸も大事です。

疲れてきたら、姿勢を直してみましょう。

椅子には浅く座って顎(あご)を引き、胸を張って背筋を伸ばします。

呼吸も深くすることを意識してみてください。

長時間座っているビジネスパーソンにとっては、椅子も大事です。グーグルやモルガン・スタンレーでは、生産性に気を配った設計のハーマン・ミラーの椅子がよく使われていました。

なかでも重宝したのは、高さを自由に変えられる椅子と机です。ある研究によると、一つの姿勢から別の姿勢に変えることは健康によいとされているそうです。また、**長時間座り続けていると、新陳代謝が悪くなることもわかっています。**

椅子・机の高さを変えることで、その時の気分によって、立ったり座ったりしながら作業をすることができ、疲れづらい環境をつくることができます。

実際に使ってみると、気分転換になったり、眠たい時は立ち仕事にしたりと、自分で効率のよい環境をつくれるので、重宝します。

なかなかここまではできないという方も多いと思いますが、座りやすくなるようなクッションを取り入れたり、意識的に立ち仕事をしてみるなど、姿勢を変えて仕事をすることも考えてみてはいかがでしょうか。

音楽で「環境」をつくる

簡単に自分だけの環境をつくるのにもってこいなのが、音楽です。

今はイヤホンで音楽を聞きながら、仕事をしている人も多いかもしれません。

作業によっては、音楽を聞きながら仕事をすると効率がよくなることが近年実証されつつあるようです。

僕も音楽をうまく使うとインスピレーションが湧きやすくなるので、よく使っています。僕のiPhoneのメモリの8割くらいは音楽で埋まっています。

個人的な感覚でいうと、

・自分の好きな曲　元気になる曲
・繰り返しの多い曲

がいいのだろうと思います。

自分の好きな曲であれば、やる気が出ますし、繰り返しが多い曲はトランス状態に近い形で、作業に没頭できる気がします。

たとえば、僕は歌詞のないテクノが好きなのですが、エレクトリックな音楽でリズムが繰り返され、同じようなビートで曲が進んでいきます。こういう曲も、トランス状態に入りやすいので、仕事でよく使っています。

また作業によっても、音楽を決めていて、こういう作業だったら静かな音楽のほうがパフォーマンスが出せるとか、とにかく早く文書をつくらないといけないという時は、軽快で元気なリズムの音楽を聞くなど使い分けています。

ただし、人の声が入っていると、歌詞の内容が気になって作業が進まないので、人の声が入っていないものを選びます。

逆に、単に疲れた、様々なトラブルがあって疲れたという時は、ちょっと落ち着いた音楽などを聞いてリラックスします。日本語の歌だったら、僕が今好きなのは「上を向いて歩こう」です。

移動のストレスを減らす

ちょっとしたことですが、打ち合わせのために移動するのもストレスの原因になります。

僕は、打ち合わせはできるだけ自社に来てもらったり、複数の相手と打ち合わせする時には、できるだけ同じ日、同じ場所で打ち合わせできるよう予定を調整します。たとえば、この本の打ち合わせをするためにSBクリエイティブ（六本木一丁目）に行く時は、付近のアークヒルズで打ち合わせをするとか、1日ヤフーのロッジにいて、そこで連続して人に会って、何件もの打ち合わせをこなすということもあります。

仕事の打ち合わせは、どちらかの会社でないといけないわけではありませんから、相手の都合も聞いて、柔軟に予定を調整するようにすべきでしょう。

会議室は自分で押さえる

社内だとミーティングルーム間の移動があります。

グーグルでは世界各地にいる社員がテレビ会議システムを使ってすぐミーティングできるよう、全社員が使えるミーティングルームの予約システムが設けられています。インドで働いている社員が、東京オフィスのミーティングルームを予約することもできるわけです。


これは便利なのですが、別の国の社員は東京のオフィスのつくりをよくわかっていないことがあります。ミーティングが2つ連続している時、違うフロアにある、まったく離れた場所のミーティングルームが予約されていることもよくありました。

グーグルでは、ミーティングは基本的に25分単位で行なわれるようになっています。なぜ30分ではなく25分かというと、他の部屋に移動するための時間なんですね。しかし、広いオフィスを端から端まで移動し、時には他のフロアにまで行くとなると、5分ではちょっときつい。かなり大慌てで移動することになります。

だから、僕はミーティングの予定が入ったら、自分で予約システムを使って部屋を予約するようにしていました。同じ部屋が予約できたらベストですし、隣の部屋であってもずいぶん移動のストレスを減らすことができます。

1日に何回か会議がある場合、**同じ部屋を前もってできるだけ長く押さえておけば、その会議室が自分の席であるかのように、集中してそこで仕事もできます。**邪魔されずに仕事ができ、移動も少ない。一石二鳥です。

マインドフルネスの習慣で「フロー」に入りやすくする

さて、先ほど「フロー」に入るための17個のトリガーを紹介しましたが、普段からの習慣づけによっても、フローに入りやすいように心と体のバランスを調整することは可能です。

そのキーワードとなるのが「マインドフルネス」です。

近年、グーグルやフェイスブックなどが取り入れたのをきっかけに、アメリカで次々に導入され、日本でも注目されています。

マインドフルネスの効果は科学的に実証され、

- **注意力・集中力を高める**
- **感情で行動することを抑える**

などの、メリットがあるといわれています。

優秀なトレーダーはマインドフルネスを活用している

マインドフルネスは、今起こっている現実をそのまま受け入れる心の持ちようのことで、「瞑想」とほぼ同じだと考えて間違いないでしょう。

僕が最初にマインドフルネスと出会ったのは、モルガン・スタンレーで働いていた時です。モルガン・スタンレーといえば、世界的な金融機関で、大勢のトレーダーが日夜、金融商品のトレーディングを行なっています。トレーディングルームでは、株価や為替など、リアルタイムに変動するチャートがいくつものディスプレイに映し出され、トレーダーはそれらのデータを瞬時に分析し、売買しています。

トレーディングには膨大な金融知識や思考能力、経験が必要ですが、それだけで業績を上げられるわけではありません。

トレーダーにとって重要なのは、意外なことに「直感」だったりするのです。

特に優秀なトレーダーは、一つのチャートにとらわれるのではなく、マーケット全体の動きを直感的にとらえることができるのです。そうやってマーケットの流れをとらえた上で、ほかの人がやっていないような手を、誰よりも早く打ちます。

いろいろ調べていくと、圧倒的なパフォーマンスを出して成功している優秀なトレーダーの多くは、マインドフルネスを取り入れていることがわかってきました。

そこで僕は、トレーダーの教育カリキュラムの中に、集中、フォーカスのトレーニングを取り入れました。今でいうところの「マインドフルネス」です。といっても、「座禅を組んで、瞑想しろ」ということではありません。「落ち着いて深呼吸し、自分の周りの出来事を周辺視野で認識しましょう」といったことをトレーニングしたのです。

ちなみに、空手家の早野勇輝（ゆうき）さんも瞑想を大事にしているそうです。戦う相手の攻撃にひるんだり、痛みを不安に思っていたら、相手に勝てません。どんな状態でも、冷静な判断で動くために心を整えているそうです。

ピョートル版マインドフルネス瞑想

瞑想にもいろんな手法や流派があって、厳密な手順を決めているものもあります。

でも、僕が考えるマインドフルネス瞑想は「こういう手順でしなければいけない」というものではありません。自分なりにいろいろなやり方を試行錯誤して、しっくりくるものを日常的に実践するのが一番でしょう。

僕がよく意識しているのは、**「落ち着いて深呼吸し、自分の周りの出来事を周辺視野でとらえましょう」**ということです。

一般的な瞑想では、手を楽に膝の上に置いて、リラックスして、目を閉じるか、もしくは少し目線を下げ、そして、呼吸に意識を集中させる、というものが多いようです。

僕は、それに加えて「周辺視野」というものを意識する方法も取り入れています。目をつぶったり、何か1点に集中するのではなく、全体に視野を広げてものを見ます。たとえば、山を見る時にその山頂を見るだけでなく、その裾野や周囲の雲など広い視野でとらえるような感じで、何か一つに集中するのではなく、意識を全体に広げて見ているような状態です。やってみるとすぐ自身の感覚が変わってくるはずです。

僕も満員電車や疲れた時に行ないますが、ほかの瞑想のように何十分と時間をかけなくても、短期間で、自分の心の状態が整うように感じます。

ほかに**「ボディスキャン」**という方法もあります。

深呼吸をしながら自分の体の感覚を、頭から足先まで、足先から頭まで、感じます。余計なことは考えずに、筋肉の感覚や呼吸を意識するのです。吸う息が体全体に回っていくことを感じることで、体の各パーツの緊張をとり、解放させていくことを目的としています。

・瞑想はどこでもできる

慣れてくれば、瞑想はどこでも、どんな時でもできます。最近、僕は歩きながらボディスキャンをしています。

背筋をしゃんと伸ばし、顎と下の筋肉を緩める。深呼吸しながら、体の感覚だけを感じ、頭の中を空っぽにして歩いてみてください。どこか1点を凝視するのではなく、視界に入ってくる情景を周辺視野で何となくとらえるようにします。

そうすると、面白いことが起きます。

たとえば、朝夕の通勤ラッシュの時間帯。大きな駅はものすごい人混みで、みんなピリピリしています。早く行かなければと焦って人混みをかき分けて進もうとすると、誰かにぶつかってしまってうまく進めなかったりするでしょう。

ところが、ボディスキャンをしながらゆっくり歩くと、抵抗なくスムーズに人混みに入り込み、人の流れに乗ることができるのです。

そしてもちろん、満員電車など、他に何もできない時なども、恰好の「瞑想タイム」にすることができます。

・会議の前にも3分間瞑想する

グーグルでよくやっていたマインドフル瞑想の具体的な使い方を紹介しましょう。

ある地域の会議では、会議に入る3分間、必ず全員で瞑想の時間をとっていました。

これをすることで、会議への集中力が格段に違ってきます。


全員でやるのが難しければ、自分だけでやってもいいでしょう。

たとえば、会議や打ち合わせの予定があるのなら、時間ギリギリになって慌てて会議室に行くのではなく、マインドフルネスの時間をとるようにします。

椅子に座ってでも何でもよいですが、最低でも3分ほど瞑想する習慣をつけておけば、頭がすっきりするのが自覚できるようになってくるはずです。

グーグルでは、自分のヨガマットを会社に持ち込んで、疲れを感じたら、瞑想をはじめる社員もいました。無理して仕事を続けるよりも、リフレッシュして仕事に向かったほうが、よい結果が出るのは明白です。

グーグル営業マンに学ぶ 相手に振り回されない仕事術

疲れてしまう原因には、自分が仕事の主導権を握れないということもあると思います。

なかでも、日本では、顧客のリクエストにはすぐに対応しなければいけないという思い込みが強すぎるようです。

たとえば、僕の知り合いは某ＩＴコンサルティングの会社にコンサルタントとして勤めていますが、働き方は本当に悲惨です。その人の携帯電話には、真夜中であってもクライアントから電話がかかってきます。それもトラブルが起こった時だけではなくて、「キャバクラで飲んでいるから、今すぐ来い」と酔っ払った声で言われるのだそうです。クライアントは、自分はお客様なのだからそういうサービスを提供させることを当たり前だと思っているのです。

これは、人間同士のコミュニケーションではないと感じます。

でもやり方次第で、「振り回される」状態から脱出することもできます。

ここで、営業を例に紹介します。

営業には3段階の方法があります。

一つ目は、「これはいいコピー機ですから、買ってくれませんか?」という売り込み。

次はソリューションセールスと呼ばれるもの。「どんなコピー機を探していますか?　今コピーって日常的にどれくらい使っているんですか?」などと質問して、「今度毎月のコストが下がるようなソリューションを提供しますよ」と言って販売します。日本企業の展開する法人向けビジネスはこの売り方です。

最後の三つ目は、インサイトセリングというもので、グーグルの営業はこれが基本です。簡単にいえば、お客にほしいものを聞く前に、お客は何を必要としているのかを事前に研究して提供していくというもの。顧客が気づいていないこと、わからないことを教えてあげるのがインサイトセリングということになります。

たとえば、グーグルは、蓄積されたデータを使って、営業をします。

顧客のウェブサイトをデータで分析して、思ったほど売上や訪問者数が伸びていないということがわかれば、その分析結果をベースに顧客に対して様々な提案ができます。「こんな原因が考えられる」「こんなふうにすると、もっと売上が伸びる」「ちなみに競合他社は、こんなことをしている」「違う業界はこうしている」などなど。データに基づいた提案を聞いた顧客は、「そうか、うちはまだそうした手法を使っていなかったからうまくいかなかったんだ」と気づくこともあるでしょう。そうなればしめたもの。担当者が予算を獲得できれば、大きなビジネスになりえます。

しっかりしたデータやインサイトを元に、こちらから相手に必要なことを考えて提供する。いわば顧客のニーズを先回りするわけです。こういう建設的な関係が築けていれば、お互い無駄なことで電話をする必要もなくなります。

下手な雑談ネタよりも、何が相手に必要とされる情報なのかを見極めて話すほうが、相手も有効に時間が使えます。

これは、営業以外の仕事にも使える手法です。

相手の要求を受け身で待っていて、それに対応して動くのは本当に疲れます。しかし、**普段から相手が必要とするものをあらかじめ用意をしておき、積極的に提案していくようにする。**

他人の都合ではなく、自分の都合で動けば、仕事も疲れなくなります。

なお、グーグルの日本法人では、社内外含め18時以降に会議を設定しないというルールを決めたようです。ルールにしてしまえば、社外の人にも伝えやすいと思います。こうした「やむにやまれぬ事情」をつくって、相手に伝えるのも不当に振り回されないために必要かもしれません。

「期限を聞く」

「そんなことを言っても、データもインサイトも自分にはないよ！」

そんな方に、対顧客でも対上司でも、振り回されなくなる一言を紹介しましょう。

それは、

「いつまでに対応すればよろしいですか？」

と一言聞くことです。

よくあるパターンは、

顧客「これ、ほしいです」

あなた「はい、すぐに！」

というもの。一見すると迅速にサービスを提供しているかのように見えますね。しかし、相手は即座の対応を求めているわけではなく、明日でもいいのかもしれません。

それなのに、何でもかんでも即座に対応していると、そのうち顧客はそれが当たり前だと思い込むようになってしまいます。そういう対応は、自分の首を締めることがありますし、結局「悪い顧客」を生み出してしまうことにもなるのです。

もう一つ意識してほしいのは、相手がほしいものは何か、ということです。

うちのスタッフでもよくあるのですが、

「○○さんからメールが来ているから、ピョートルさん早く返してください」

と大慌てで僕を急かすのです。

「ちょっと待ってください。その○○さんは、何がほしいんですか？」

「いつまでにほしいんですか？」

とスタッフに確認すると、

「あ、確かに聞いてない」

ということも、たまにあるのです。

「何がほしいのか」が明確でなければ、推測して動くしかありませんし、「期限」がわからなければ、無駄に焦ってしまいます。

これは阿吽（あうん）の呼吸で仕事を進めようとする日本独特の文化なのかもしれませんが、一言確認するだけで、もっと焦らずに仕事ができるはずです。

さらにいえば、僕は「この日までにください」と言われた時に、その理由がわからないままだと対応しないようにしています。なぜこの時間までにというのがわからないままで動いてしまっては、結局お互いのためになりません。

すぐに反応しない癖をつくる

「すぐ反応しない」というのは、集中して疲れずに仕事をするために必要なスキルです。

最近、あるイベントでこんな意見が出ました。

「パソコンがあることで余裕がなくなった。いつでも仕事ができてしまうので、連絡が来てもすぐ返信しなければならないような感じがして、気が休まる時がない」

確かに、スターバックスなどで、隣で仕事をしている人を見ていると、メールがきたらポップアップが動くような設定になっていて、すぐ返信しています。メールやメッセージを受信するたびにいちいち返信していては、仕事に集中することができません。

僕は、着信のアラートは全部消し、自分が決めた時間でメールやメッセージをチェックすることにしています。

さらにいえば、すぐ返す、すぐ返さないメールもちゃんと分けています。

僕が思うに、優先順位もつけずに、来た仕事にとりあえず反応し、その場その場で、場当たり的に対応しているから、他人の都合に振り回されて疲れてしまうというのが、実際のところではないかと思います。

まずは、自分の中で優先順位を明確にすること（自分一人で決めないほうがよい場合は、上司に確認すること）です。

また、グーグルでは、メールには次のようなルールを設けているチームもあるようです。

・22時以降はチャットしない
・週末はメールしない

「メールを見ない！」と決めても、ついつい気になってしまうもの。先にルールとして決めておいたほうが気が楽です。

僕も、6時半以降は、緊急なものでなければ、電話に出ません。次の日に折り返し電話をします。案外先方も、それで問題がないことも多いのです。

「他人の都合で仕事をしない」

と心に命じておくとよいと思います。

「反射」で仕事をしない

少し話は変わりますが、いつものことだからと、何も考えず、まるで条件反射のようにしてしまう仕事はないでしょうか。

「反射」で仕事をすることで、無駄も増えます。

たとえば、ある会社からワークショップの研修を依頼された時のことです。

半日の研修にもかかわらず、「次はこの人に会ってください」「次はこの人に……」と言われ、4～5回も打ち合わせをすることになりました。

半日の研修なら1時間の事前打ち合わせで問題ないと思うのですが、先方としては必要なことの整理もせずに、従来通り、「反射」の中で仕事をしているのでしょう。

「細かいことは決まっていないのですが、まず会いましょう」などと、単なる思いつきだけで、人の時間を奪い、相手を振り回している人も結構います。


これは、顧客との関係だけでなく、会社と従業員の関係でも結構あるように思います。

上司が思いついたまま、仕事内容を明確にしないで部下に投げると、部下は疲弊します。

相手を「使い放題」に使うような関係では、パートナーシップも築けないでしょう。


こうした反射的で不要な仕事をなくすには、相手に対して率直にあなたの意見を伝えることです。

僕は、あまり必要性を感じられない会議に参加する時は、必ず相手に思ったことを言うようにしています。

「今日のアジェンダは何ですか？」

「この会議ってなぜ必要ですか？」

「これってメールですみそうですね」

もちろん、にっこり笑顔で、冗談めかして言うのを忘れずに！

環境は「自衛」せよ

日本企業の社員への要求には矛盾が多いように思います。パフォーマンスを求めるのに、集中してパフォーマンスを発揮できる環境は提供しない。部下がパフォーマンスを発揮するためのサポートが苦手な管理職も多いです。

だからこそ、皆さんにはうまく自衛しながら、自分のパフォーマンスを保てる環境を確保してほしいのです。

つまり、本当に自分が落ち着ける、集中できる、人と話しやすい、そう感じる場所を持っておくということです。

たとえば、ネコを飼ったことのある方はおわかりだと思いますが、彼らはいつの間にか家の中で一番気持ちのいい場所に移動しています。冬なら日当たりのいいところに、夏ならひんやりとして気持ちがいいところに。

自分にとって気持ちがいいところに移動するのは、動物としてとても自然なことなのです。

それなのに、人間は不快な環境であっても、「ここにいなければならない」と思い込んでしまうことが多いです。自分に合わない環境で我慢していると、ストレスを感じて結局パフォーマンスを発揮することができません。

もっと動物のようになって、気持ちがいいところへ、いいところへと動いていってよいと思います。

まとめ

- □時間だけでなく、自分の集中力・エネルギーに合わせた仕事の仕方を考えよう
- □新しいことをするためにもルーチンは持っておく
- □振り回されないために、「先回り」のコミュニケーションを心がけよう
- □マインドフルネス瞑想など、心を整える習慣を持とう

第2章

疲れず生産性を上げる「エネルギー」と「感情」のマネジメント

スプリントでメリハリをつけた仕事をする

エネルギーの状態によってやる仕事を決める

仕事をしていると自分の中にも波がありますし、やらなければならない仕事・場所によって、エネルギーの使い方も変わってきます。

「この時間に何をしなければならない」とタイムマネジメントをしておくことは、最低限必要ですが、まったく集中できない中で頑張っても能率は上がりませんし、すごくやる気があって、「すぐ仕事にとりかかりたい！」と思っても、混雑した電車の中で立っていてはパソコンを広げることもできません。そこで、「何でこんなに混んでいるんだ！」と腹を立てれば、逆にストレスもたまります。

疲れずに自分のパフォーマンスを高めるためには、

・必要なエネルギーの方向性

- **自分のエネルギー状態**
- **場所**

に応じて、やる仕事を柔軟に決めていく意識を持つとよいと思います。

必要なエネルギーの方向によってスケジュールを決める

一口に仕事といっても、様々な内容の仕事があるはずです。

打ち合わせやプレゼンなど、主に人とかかわることが中心になる仕事。

資料作成や企画書づくりなど、集中して何かをまとめたり、つくらなくてはならない仕事。

どちらも大事な仕事ではありますが、使うエネルギーの方向性が違います。


たとえば、新しいことを発案したり、資料をつくるのであれば、スプリントでの仕事の仕方が向いています。他人の都合でバタバタせず、集中して作業できる時間をきちんと確保して作業を行ないます。僕の場合は、こういう仕事のために丸一日カレンダーをあけておき、自宅でずっと作業をしていることもあります。

一方、打ち合わせをしたり、イベントがあったり、お客と話をしたり、という仕事は1日にまとめ、その日は、メールの返信や資料作成などはしません。

仕事の種類が異なると、使うエネルギーの種類も変わってきます。

その度に使うエネルギーを切り換えるのは、あまり効率的でないように思います。

今日は人に会う日、今日は1日作業をする日などと、アウトプットは何かを考えて、それにあった「1日」をスケジューリングして動く。そうすれば、疲れにくくなりますし、アウトプットの質も上がっていきます。

エネルギーの状態で仕事を変える

また、自分のエネルギーがプラスであるか、マイナスであるかによっても、やるべき仕事は変えるのがよいでしょう。

たとえば、今の自分のエネルギーがポジティブな方向を向いていて、元気で集中できるのであれば、集中してやる必要がある資料作成や企画立案などもできますし、大切なメールにきちんと考えて返答することができます。

一方で、元気がなくて、疲れていて集中もできないのであれば、大事な仕事は後回しにして、事務的なことや整理などの仕事をします。

また、僕自身は、マルチタスクでできる仕事とそうでない仕事を分けていて、時には「ながら」で仕事をこなしてしまうこともあります。

たとえば、経費精算のために領収書を整理する仕事は、自分でやらなければいけない面倒な仕事ですが、すごく集中力が必要というわけでもありません。こういう仕事は、夜自宅でドラマを見ながらやってしまったりします。簡単で面倒くさい仕事には、自分へのご褒美をプラスすることでそれほど疲れずにこなせてしまえます。さすがに会社だとドラマを見ながら作業するのは難しいかもしれませんが。

また、元気がない時にできることといえば、瞑想があります。電車に乗っている時は、立ちながら瞑想してもよいでしょう。電車は揺れているので、トランス状態に入りやすく、無意識とつながりやすいという点があります。3分間、次の駅までの時間を瞑想タイムにして、深呼吸して、きちんとつり革や手すりにつかまって、自分の世界に入ってみます。
瞑想もエネルギーが低い時の有効な時間の使い方だと思います。

場所に合わせて仕事をする

自分のエネルギーの状態に合わせて仕事をするのと同様、場所に合わせて仕事をするのも、エネルギーを無駄にしないために有効な方法です。

簡単な例でいうと、電車での移動ですね。電車内が少し混んでいる時、僕はスマホでたまっているメールやメッセージに返信したり、カレンダーを確認したりします。でももっと混んできてボタンを押しづらくなったら、オーディオブックやポッドキャストに切り替えて、情報収集の時間にします。積極的な作業はできなくても、受動的に情報収集することはできますから。

もし座れた時は、パソコンを出してメールに返信したり文章を書いたりといった作業を行ないます。20分くらい座れるのであれば、大事なメールにもきちんと考えて返信することができます。

「○○をする」と決めて頑張ろうとするより、状況に合わせて柔軟に時間を使ったほうがストレスはたまらないでしょう。**状況に合わないことを無理矢理にやろうとすると疲れてしまいます。**状況に逆らうのではなく、上手に状況を利用するのです。

そのためには、普段からどういう状況だったら、これをするということを大まかに決めておくのがよいでしょう。

・元気があり、20分以上席に座れるなら、パソコンを使って資料作成やメールの返信をする
・元気はあるけど、立っていなければならないなら、スマホを使って予定の確認や簡単なメールの返信をする。返信に時間がかかりそうなメールについては、マークをつけてあとでパソコンを使って作業する
・電車が混んできたら、ポッドキャストやオーディオブックを聞いて情報収集や勉強する
・混んでいるし、疲れて何もできない時は瞑想する

こんなふうに決めておくと、時間も有効に使えます。

疲れている時は頑張らない

これもエネルギーのマネジメントの一つですが、疲れた時は頑張らないというのも仕事のコツです。

疲れていると、頭が回らなくて、同じことしか繰り返せなくなり、ついどうでもいい単純な作業ばかりをやることになってしまいます。どうでもいい仕事にエネルギーを使って、気がついたら結構残業をしてしまったなんて、もったいないと思います。

無駄な仕事をするくらいなら、

「今日は疲れてるから、オフィスの片付けをやる」

「頭が回らないから、頭を使わなくてもできる仕事をする」

と、そんなふうに割り切って、仕事を切り替えたほうがはるかに効率的です。

僕が日本のサラリーマンを見ていて不思議に思うのは、「今日は頑張っても自分は結果が出ない」とわかってるのに、頑張ってしまう。もしくは、頑張っていることを、人に見せなければならないと感じている、ということです。

でも、疲れている時は頭が働きませんから、結果として、頑張っているのに大した仕事はできないものです。

だったら、整理整頓の時間にするとか、休憩して自分を整えるとか、そういう時間の使い方をしたほうがよっぽどいいのです。

リモートワークを推奨しているある会社では、社員の使うパソコンにカメラをつけ、社員がどれぐらいの時間パソコンの前に座っているのかをチェックするシステムを導入したそうです。しかし、ホワイトカラーワーカーの生産性を時間で測るのはまったくばかげた考え方です。

時間にこだわらず、もっとエネルギーを上手に使って、短い時間でアウトプットを出し、違うことに時間を使うほうがよいでしょう。

たとえば、今自分が気になっていることについて学習するとか、人脈をつくるとか、交流会に行ったり、本を読んだりとか。いくらでもできることはあります。今稼ぐのではなく、未来の自分の単価を上げるための活動を意識的にしていきましょう。

最近、「信頼残高」というキーワードが流行っています。

「利他」の意識を持って、周囲の人に役立つことをしたり、人脈を増やしたり。それが信頼残高を増やす行為です。
だから、僕は自分が持っている時間の3割でお金をもらうような仕事をして、7割の時間は信頼残高を増やす活動にあてていこうと考えています。

当然ながら疲れていると、未来への投資にエネルギーを回すことができません。未来の活動のためにも、エネルギーをとっておくことが大事なのです。

エネルギーを整えるためにできること

エネルギーを整えるには、様々な方法があります。
たとえば、
・好きな音楽を聴く・散歩をする
・走る・体を動かす
といったあたりは、すぐに思いつくところです。
運動に関しては、走るのが好きな人と、ダンベルなどの筋肉系が好きな人が、それぞれいると思いますが、自分がすっきりできるほうを選べばよいでしょう。
ここでは少し僕がやっていることを紹介したいと思います。

・お風呂に入る

会社にいるとなかなかできませんが、簡単にリフレッシュできますので、家で仕事をすることがあれば、ぜひ試してみてください。

・散歩をしてみる

社内にいても、外にちょっと出て10分ぐらい歩いてみたり、猛スピードで建物の周りを歩いてみるなどすれば、リフレッシュできるでしょう。

・今している仕事の意義を考える

モチベーションというのは、明確な目的があって、それを行なうことによって自分の選択肢が増え、成長できると感じられるものに対して生まれます。

その仕事について「なぜしなければいけないのか」ということを自分なりに納得してモチベーションを高めます。

仕事＝「自分がデスクにいる」ということではありません。

仕事とは、アウトプットを出すプロセスです。したがって、「自分ができるだけよいアウトプットを出す」ために、知恵を絞らなければなりません。休憩をとることも、その一つなのです。

新しいことをするために、あえて「ルーチン」をつくる

日々新しいことにチャレンジしていかないと、変化の激しい時代についていくことはできません。

グーグルでは「10ｘ」といって、今の10倍の成果を出すために何をすればよいかという議論をよく行なっています。今と同じことをやっていては10倍の成果など出るはずがありません。これまでの仕組みを壊したり、まったく違う仕組みへと絶え間なくバージョンアップしていかなければならないのです。

しかし、そうやって積極的にチャレンジするためには、心理的安全性が不可欠です。「何にでもチャレンジする」ことは重要なのですが、新しい要素ばかりでも脳が疲れてしまいます。自分が心地良いと感じるルーチンも、持っておくべきです。

たとえば、初対面の人と打ち合わせをすることになったとしましょう。

初対面の人と知り合うのはとても刺激的で楽しみなのですが、そのための準備をいちいち考えるのは面倒です。

そこで、

「どんな服を着ていく？」

「どこで打ち合わせをする？」

「食事をするのはどこにする？」

こういったことは普段からパターン化しておき、極力自分の頭を使わないようにします。そうすることで余分なところにエネルギーを割かなくてすむようになり、安心していろんなことにチャレンジできるようになるのです。

ご参考までに、僕はこんなルーチンを持っています。

・静かな喫茶店

僕は、行ったことのない喫茶店を使うのはあまり好きではありません。どの時間帯が静かなのか、うるさいのか。席が確実にとれるかどうかもわからないからです。

不案内なところに行って、静かに仕事や打ち合わせができなかったりすると落ち着きません。

確実に席が取れる、静かな喫茶店の候補を普段から探しておきます。

・人を誘って行くレストラン

フレンチならこのレストラン、イタリアンならここ、この店は日本酒がとても美味しい――。僕は、ジャンルごとにお気に入りの店をいくつか決めていて、人を誘う時にはそれらの店を使うようにしています。

アシスタントさんにもお店のリストは伝えていますから、日時とジャンルを伝えるだけで、迷うことなく予約してもらえます。

そういうお気に入りの店をつくっておくと、何かと便利ですよ。常連になると、店員さんも「今日はこれが美味しいですよ」と勧めてくれるようになります。馴染みの店は僕の好みもよくわかっていますから、勧めてくれる料理にまずハズレがありません。

お客さんを連れていくとなるとお店選びには悩むものです。お店に行った後で「ちょっといまいちですね。すみません」と謝るのは、かっこ悪いですしね。でも、それを避けようと、食べログなどのグルメサイトのレビューをあれこれ読んでは何時間も潰す……というのは時間の無駄です。

お店選びやお土産選びなど、直接の仕事ではないけれど、相手との関係を円滑にするための事柄については、「ここは安全」というところを決めておくと、不要なことにエネルギーを使わなくてすみます。

・毎日の洋服

僕は気に入ったシャツを見つけたら、何枚もまとめ買いします。ブランドはたいていＺＡＲＡかユニクロです。そういえば、アップル創業者のスティーブ・ジョブズも、いつも同じ黒のタートルネックとジーパンを着ていましたね。

僕の場合は極端かもしれませんが、ファッションで頭を悩ませるのが苦痛なのであれば、決まったパターンをローテーションするのが楽です。

スプリントとは何か

冒頭でもお話ししましたが、グーグルの会社員たちは単に昼休みにバレーボールをするのではありません。

大きな仕事を集中して行なうためには、自分を整えることが必要です。そのためにうまく休憩を使って、そのエネルギーを蓄えるわけです。

しかし僕が見るに、日本のビジネスパーソンはどうもマラソン型の働き方をする人が多いようです。平日は同じようなペースで働いて、週末に休む。翌週はまた同じように働いて、週末に休む……。ずっと同じようなペースで走っているイメージです。

こういう働き方は、決まった量のアウトプットが求められる製造業のような仕事では有効ですが、現代のホワイトカラーに適しているとはいえません。

現代のホワイトカラーに求められているのは、集中して、良質なアウトプットを出すことです。

スプリントでメリハリをつける

グーグルの仕事の仕方として著名なものに「スプリント」があります。僕も、基本的にスプリントを意識して仕事をしています。

スプリントとは、ずっと仕事を続けるのではなく、ある仕事について集中する時間を決めて作業を行ない、そのあとはしっかり休息をとるという、メリハリのある働き方のことです。

ずっと走り続けるマラソンでは疲れてしまいます。きちんと「何もしない」時間をつくることで、より集中して創造的な仕事をすることができます。

たとえば、グーグルの社員は人によって遅くまで働いていることがありますが、それはこの人が長時間労働の犠牲者だということではありません。

エンジニアなら、ある一定の期間を決めて、その間はそのプロジェクトに集中して働きますが、それが終わったらしっかり休みをとります。

また、どうしても今日は集中したいから午後10時まで働く。その代わり、明日は昼に出社する、あるいは有給休暇を取ってしまう、といった働き方をする人もいます。そうでないと必要なことに集中できないまま疲れがたまってしまいますし、それでは結果も出せないのです。

僕は、予定を組む際にも、スプリントを意識して予定を入れるようにしています。今の僕のカレンダーはびっしり予定で埋まっていて、毎日コンサルや打ち合わせや講演、ワークショップと様々な仕事が入りますし、出張も多いし、土日も仕事が入っています。こんなスケジュールの時は特に「仕事をする時」と「休む時」の色分けが大事です。

たとえば、仕事が詰まった状態が何週間も続いていたら、ある時期は一切仕事を入れないようにする。このスピードで動くと最大限の結果を出すのは無理だと思ったら、何もしない日を意図的に作る。

こうして、必要な時にしっかり集中できるようバランスをとっているのです。皆さんも「このところ忙しくて消耗しているな」と思ったら、思いきって休むことも効率化への道かもしれません。

休む時はメールを見ない

スプリントで大事なところは、「休む時はきちんと休む」ということです。

でも、日本人は休むのが苦手ですね。土日も仕事だからといって会社に出る方は多いですし、休むこと自体をマイナスに考える方も多いように思います。

しかしそもそも、週末の休みは、単に「月曜から金曜まで働いたから週末休む」というのではなく、次の1週間で自分が最大限のパフォーマンスを出すための「休み」でもあるのです。

たとえば、土日は、仕事について家でゆっくり大事なことを考えられますし、海や公園に行ったりして気分をリフレッシュすることもできます（ちなみに僕は大事なことは土日に考えるようにしています）。

考え方を変えれば、いくらでも「前向きな休暇」をとることはできるのです。

大切なことは、休暇の時は「メールは見ない」と決めること。

僕はスタッフにも、「メールは見ないので、連絡しても返事はしません。もし緊急の用事があれば電話してください」と言ってあります。

電話は着信履歴が残るので、誰からの電話かを見て判断できますが、メールは中身を見たらつい仕事をしたくなりますし、出すほうとしても気軽です。

メールはすぐに返信しなくてはならないと思っている方も多いので、先に宣言してしまうとよいでしょう。

スプリントを意識した1日のスケジュール

スプリントの考え方は、1日の仕事についても応用できます。たとえば、集中して取り組みたい仕事について、90分の時間をとって、その時間はそれだけに集中して取り組むのです。

僕は、プレゼン資料をつくるとか、企画書をまとめるとか、クリエイティビティのある仕事で何らかの意味のあるアウトプットをするためには、最低90分の時間が必要だと考えています。それよりも短い、細切れの時間ではまともに集中してモノを考えることはできません。人によっても違いはあると思いますが、90分は目安といえると思います。

逆にいえば、自分から90分の集中時間をつくっていかないと、結局アウトプットを出せないまま、ということも多いでしょう。誰かに声をかけられたり、メールがきて仕事が中断されるということの繰り返しで、結局大事な仕事が終わらないまま、止まってしまうのです。

その90分に集中するためには、次のことを守りましょう。

・メールを見ない。関係のないブラウザやタブを閉じる
・必要なものはすべて揃えておく
・その作業の目標と最低限のアウトプットを決めておく
・90分で行なうタスクを細切れにしておく

順に説明していきましょう。

・メールを見ない

メールについては、先ほども説明しましたが、集中するために、必要なものだけが目に入るようにします。机の上に置くのは最低限のものにして、邪魔になるものは一切、目につくところに置かないようにします。

図2-1　スプリント

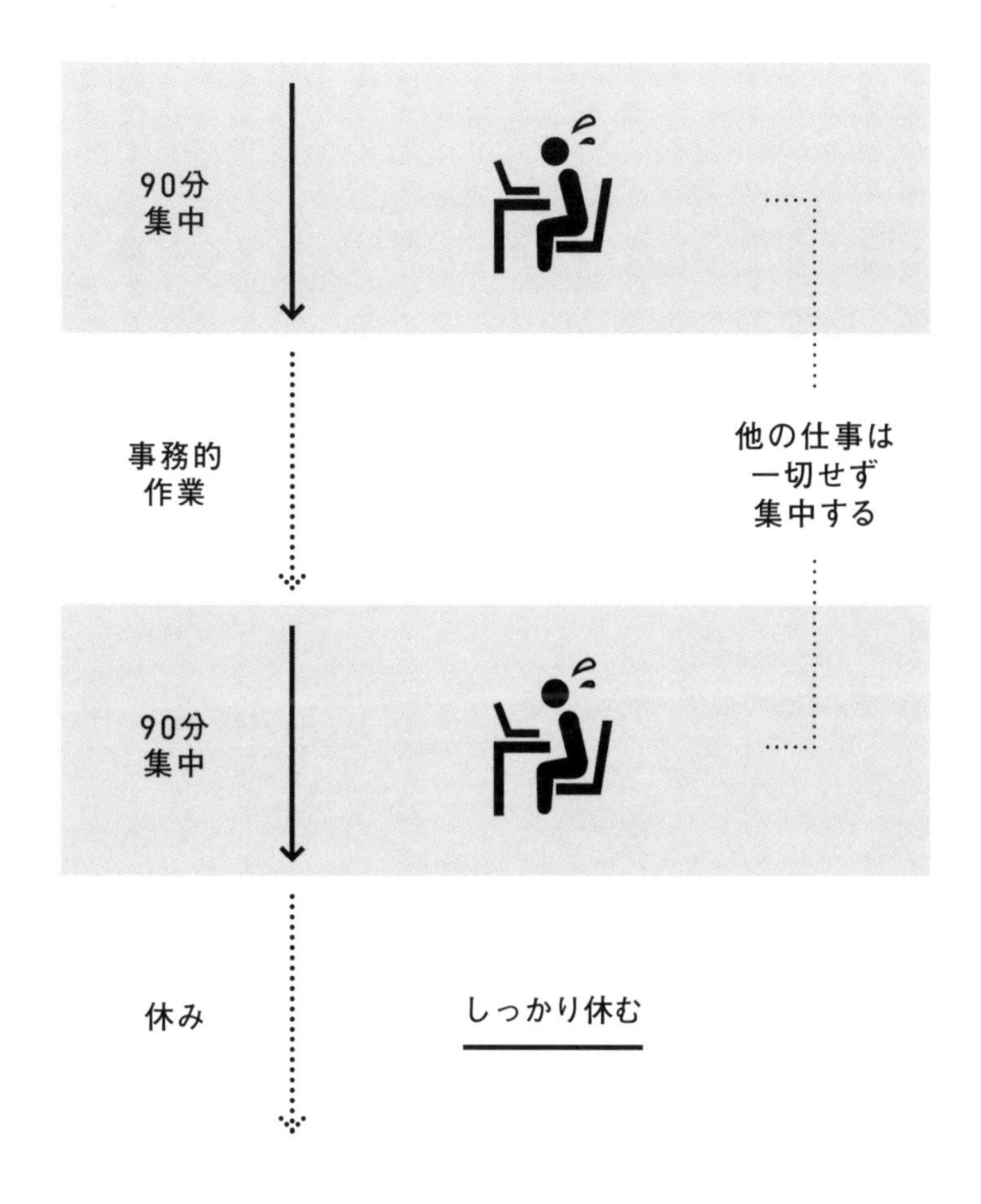

・必要なものはすべて揃えておく

スプリントの90分に入る前に、必要なものは揃えておくようにしましょう。たとえば資料作成に必要な調査や、資料集めはすでに行なっておくなど。きちんと必要なことを考えて、揃えてから集中しないと、「あれ、何だったっけ？」「これは調べなきゃいけなかった、ここも見ておかなければいけなかった」ということになり、集中して仕事をするどころではありません。まず頭の整理をして、仕事の準備をする必要があります。

・最低限のアウトプットを決めておく

この90分で出したい成果を明確にし、そこから逆算して作業に臨みます。

たとえば、プレゼンのために10枚のスライドが必要なのだとしたら、最初にすべきは10枚のスライドの全体構成です。最初から、スライド1枚のデザインに凝ったりしはじめると、いくら時間があっても足りなくなります。

いったい自分は何を語ろうとしているのか、オーディエンスの心に響くようにするにはどうするのがよいか。最も想像力を必要とする、クリエイティブな瞬間に没頭しなければなりません。こういう時、僕はアップテンポで同じリズムが続く、お気に入りの曲を延々と流します。一種のトランス状態に自分を置くわけです。

それぞれのスライドで説明すべき内容のアウトラインが固まってきたら、どんな資料が必要なのかを考えて、ざっとウェブなどを使って調査をします。

・90分で行なうタスクを細切れにしておく

さて、90分のために万全の準備をしたところで、その時集中できなくては本末転倒です。やるべき作業のタスクを分解して、一つひとつに集中して作業ができるようにしておきましょう。

たとえば、資料作成なら、

1　全体の構成をつくる
2　文章だけの部分はすぐつくる
3　データが必要なところの数字を集めて、グラフ化する
4　それぞれのスライドに貼る
5　全体を見直して微調整する

といった流れで仕事を進めると決めたら、それぞれに集中して作業できるようにし

ます。

最後に、スプリントをする時に困るのは、周囲の人に話しかけられて作業が進まないということ。

デスクにいると集中してできないのであれば、会議室に移動して仕事をするとか、在宅勤務ができるなら家でやるとか、外に出てカフェでやるとか、工夫できるとよいと思います。

90分仕事をしたら休む

90分集中して仕事をしたら、しっかり休憩をとりましょう。定期的に休憩をとらないと、疲れてしまいます。

私たちには体内リズムがあります。有名な24時間周期の体内リズムである「サーカディアンリズム」のほかに90分刻みの「ウルトラディアンリズム」というものがあります。

この90分を超えて集中し続けようとするのは、体内時計に反するので難しいですが、逆にいえば、90分であれば、集中も続けられるということです。

したがって、それに合わせて集中・休憩をとることで、自分のエネルギーを効率的に使っていくことができます。90分集中して仕事をしたら、10分ないし15分くらいの休憩をとることを意識してみてください。


本当に何か生み出したい、考えてつくりたい時に、「今10分しかないけど、何かやってみよう」というのは、時間の使い方として適切ではありません。

10分以内でできることは何かを考えてみれば、メールを返すとか、資料に目を通すとか、打ち合わせの準備をするなど、比較的受け身の仕事ということになるでしょう。

だからこそ、90分を2回といった形で時間をとって、そのスプリントの中で集中する。それ以外の休憩の時間に、自分のエネルギーを整えることがパフォーマンスの最大化につながります。

認知心理学で、感情をマネジメントする

5つの柱の一つであった「感情」についても、少し触れておきましょう。
感情は、あなたのパフォーマンスに影響を与えます。認知心理学の研究結果は感情について様々な知見を与えてくれるようになりましたが、特に重要なのは「感情と反応を切り離す」ということ。普段からこのトレーニングを意識的に行なえば、仕事に限らず日常生活でも大きなメリットが得られます。

たとえば、職場で誰かに「まだできないの？」とか「何でできないの？」と言われたとします。当然、誰でも腹が立ちますよね。人によっては、キレて周囲に当たり散らす人もいるでしょうし、そこまでいかなくてもむっつり黙ってしまうことはあると思います。

原因となった人を無視したり、その人からの依頼をいい加減に扱ったりすることを「パッシブアグレッシブ」といい、往々にして仕事をする上での支障となります。

認知心理学では、こういう場合の振る舞い方について教えています。

・まず、自分が言われたことをきちんと認識する
・イラっとしたりムカッときたりしたら、まずは深呼吸する
・そして、どんな建設的な反応をとればいいかを論理的に考えてから、反論するようにする

この3段階を踏むように心がけましょう。

たとえば、イラッとするメールを受け取ることはあると思いますが、その場合も即座に返信してはいけません。少し時間をおいて、心に余裕がある時に見直して返信してください。時間をおいて見直すだけで、同じメールの内容でも違う角度から受け取ることができるでしょう。

もう一つのトレーニングは、今自分が感じている感情を認識するというもの。

誰にでも調子がいい時と悪い時があります。特に疲れていたり、寝不足だったりすると、ネガティブな感情も発生しやすくなります。

そういう感情をきちんと認識し、適した行動をとるようにするのです。

たとえば、自分がいらだっていると認識したら、その日は難しい交渉事を避けるのがよいでしょう。場合によっては、スケジュールを変更したほうがよいかもしれません。

普段から周囲と良好な人間関係を築けているのであれば、自分の状態を伝えるようにしましょう。

「今日は疲れているから、うまく話ができないかもしれません。すみません。もしよければ、明日にしてもらえますか」「今日は調子が悪いので一人で作業しますが、あなたのせいではありません」などとあらかじめ言っておけば、無用なトラブルを避けられます。職場の人や家族も、あなたの状態がわかっていれば、余計な心配をせずにすみます。

あまりに感情が不安定なようであれば、会社を休んでもいいでしょう。

「熱が出たり、頭痛・腹痛なら会社を休むのもわかるけど、イライラしているくらいで休むのはいけないのでは……?」

そう思われるかもしれません。

けれど、よく考えてみれば、**体調が悪くても感情の状態が悪くても、「パフォーマ**

ンスが上がらない」のは一緒です。

風邪やインフルエンザと違って感染はしませんが、イライラしていると周囲にも悪影響を及ぼすことだってあります。

一方で疲れをとることで、感情が元に戻ってくることもあります。

それならば思い切って休んだほうが、会社とあなた双方のためではないでしょうか？

「時給」ではなく「年収」で考える

何度も繰り返しますが、グーグルの社員は「休み」も仕事にとって大事なことと考えています。

ゲームをしてだらけているように見えるプログラマーも、ただ遊んでいるのではなくて、後でできるだけ大きな成果を出すために、休憩を取っています。

日本で働いている人で、こういうメンタリティーを持っている方は、多くないように思います。

おそらく原因の一つは、自分の仕事を時給換算しているからでしょう。あなたは、自分の給料を勤務時間で割って、「1時間当たりいくら」と計算したりしていませんか？

たとえば、月給24万円の人が、1か月20日間、1日7時間仕事をしたら、24時間÷(20×7時間)＝約1714円。「1時間で1700円分の仕事をしなければと」と、ついそう考えてしまうのです。

でも、時給で働くということは、勤務時間中はずっと拘束され、働かされ続けるということです。そんな働き方をしていると、ルーチンをこなすだけになってしまい、新たなことを考える余裕は生まれません。

考えるべきは、「時給」ではなく、「年収」です。つまり、自分の市場価値を高める、ということです。

いつまでも同じ仕事をして同じ時給をもらうのではなく、「年」という単位で考える。**昨年よりもよい結果を狙うことで、年収を高めたり、ボーナスを増やすことを考えるべきでしょう。**

まとめ

□ 90分のスプリントで、大事な仕事に集中して当たる

□ 疲れた時、イライラしている時は、頑張らない

□ 新しいことをするためにもルーチンは持っておく

第3章

確実に自分をチャージする食事・睡眠・運動の習慣

健康の土台となるのは食事

序章では、グーグルをはじめとしたイノベーティブな活動を続けている企業の社員は、上手に自分のエネルギーを高めて、高いアウトプットにつなげていることを説明しました。

ただがむしゃらに仕事に取り組めばいいというものではなく、きちんと自分の心と体を整えることが何より重要です。パッと疲れをとるような小手先のテクニックを取り入れるだけでなく、土台となる心と体の健康を日々のサイクルの中で整えていく。一見遠回りに思われるかもしれませんが、それが結果的に高いアウトプットを出すことに繋がるのです。

グーグルでは、〝employee experience〟（従業員体験）の考え方に基づいて、社員が快適に働ける環境をつくることを非常に重視しています。

それが端的に表れているのが、「フードチーム」でしょう。

グーグルでは、社員は無料でカフェテリアを利用でき、好きなものを好きなだけ自分で選んで食べるようになっているのですが、そこでフードチームでは、どんな食べ物が人気なのか、どういう順番で食べる傾向があるのかなど、膨大なデータを集めています。こうして集められたデータを元に、試行錯誤を重ねて、社員の健康のために様々な施策を打っています。

たとえば、グーグルで出されている野菜はすべてオーガニックなのですが、そうしたこともフードチームの取り組みの一つです。

カフェテリアでいかに「よい食習慣」をつくるのか

最近の栄養学の研究によって、私たちは何を食べれば健康的で高いパフォーマンスを出せるのか、ということがわかってきました。たとえば、炭水化物を控えめにして、タンパク質と野菜をしっかりとるなど、毎日の食事で実践できそうなものもあります。

しかし、健康によいことがわかっていても、人間というのは自分の習慣をなかなか簡単に変えられるものではありません。ついつい好きなモノをたくさん食べてしまう。

しかも、カフェテリア形式ですべて無料だったら、食べすぎてしまいそうなことは想像できるでしょう。

そこでたとえば、グーグル東京オフィスのカフェテリアでは、入口近くに、栄養バランスについてのピラミッドを表示し、タンパク質や脂質、炭水化物をどういう割合でとればいいのか一目でわかるようにしています。実際にその日の食事のプレートを置いて「お勧めの食べ方」も表示していますから、何を食べればいいのか悩んだら、とりあえずその指示に従えばいいようになっています。

さらに、入口近くには、野菜がたくさんとれるサラダバー、その後に肉や魚、ご飯、デザートという順番で食べ物を並べ、体によいメニューができるだけ自然に選ばれるように工夫しています。

また、グーグルでは、自動販売機も無料で使えますが、フードチームはここにもできるだけ健康的な飲料を入れるようにしています。やっぱりコーラが大好きな人も多いので、自動販売機にはコーラも入っていますが、置き場には工夫があります。体によくない飲料は一番目につく場所からは外すようにしているのです。

人間も動物ですから、目の前に自分の好物があったらつい手を出して取ってしまう。うまく動物としての性質を利用して、本人が意識しなくても健康になっていける仕組みが取り入れられているのです。

「グーグルでは美味しい食事を出すカフェテリアが無料で使える！」という話が目立って取りあげられていますが、本当に注目すべきは、カフェテリアが無料で使えるということより、そこで使われている仕組みであり、その根本にある考え方なのです。

・健康によい食事は、社員の満足度向上、そしてパフォーマンスアップにつながる
・健康によい食事をいちいち考えながら選んでとるのは、頭を使うので大変
・健康的な食事が自然にとれるカフェテリアを社内に用意すれば、社員は食事に意識を払わなくてもすむ

自分なりに健康的な食事を、無理なくとれる仕組みをつくることが大事なのです。

ちなみにグーグルはおやつについても、研究をしています。

ドリンクとスナックの間を1・8メートルあけた場合と、5・5メートルあけた場合で、スナックに手を伸ばす社員の数はどのくらい変わるのか。

結果は、スナック置き場に近いドリンクバーを使った従業員は、そうでない従業員に比べて、食べたスナックの量が69％もはね上がったそうです。

飲むと何か食べたくなるような人は、机の引き出しにはお菓子を入れないとか、そうした工夫もできるかもしれません。

お腹が空いている時に食事を選ばない

先ほどのよい食習慣をつくる仕組みは、**行動経済学**にのっとったものです。行動経済学とは、身近な経済行動を心理学を交えながら考察するものです。

この考え方は、私たちの食習慣の改善にも使えます。

たとえば、ちょっとしたテクニックですが、食事はできるだけ「お腹が減っている時に選ばない」ようにしたほうがいいでしょう。

お昼になって、すごくお腹が減っている。そんな時に外に食べに出ると、「うわ、ラーメン美味しそう！　今日はラーメンにしよう。一緒に餃子もつけよう」となってしまいがちではないですか。空腹の時に人間は冷静でいられませんから、「これが健康にいい」とか「食べすぎるのはよくない」と思っていても、なかなか実行に移せません。

それを避けるには、空腹の時に食事のことを考えないようにすることです。

たとえば、昼食をコンビニで買うとしましょう。お腹が空いている時は、目についたモノを「これは美味しそう」、「あれも美味しそう」と手当たり次第に買ってしまいがちです。だったら、朝食をとった後に昼食を買えばいい。お腹がいっぱいの時は冷静になっていますから、健康にいい食べ物をしっかり考えて選ぶことができます。会社に冷蔵庫があるなら、そこに入れておけばいいですよね。

精神力で誘惑に打ち勝つのは大変ですから、そうならないための仕組みを普段からつくっておきましょう。

栄養バランスは1食単位で考えなくていい

しかしながら、仕事が忙しくなると、毎回毎回バランスのとれた食事をすることが難しい時があります。

あなたも忙しいからとコンビニのおにぎりとサンドイッチで終わらせたり、外回り途中の立ち食いそば屋さんですませたり、ということはあるのではないでしょうか。

確かに外食となると炭水化物がどうしても多くなってしまいますし、忙しい時に栄養バランスまで考えている余裕がどうしてもなくなってしまうのはよくわかります。また、「健康的な食事をどうしてもとらなければならない」と思い込むと、かえってストレスになることもあります。

そこで僕は、食事の栄養バランスを1食単位で考えないようにしています。

忙しくて、炭水化物が多めの食事をしてしまったら、次にとる食事で魚や肉、野菜をしっかり食べてバランスを取り戻せばいいのです。

図3-1　食事を分けてバランスよく食べる

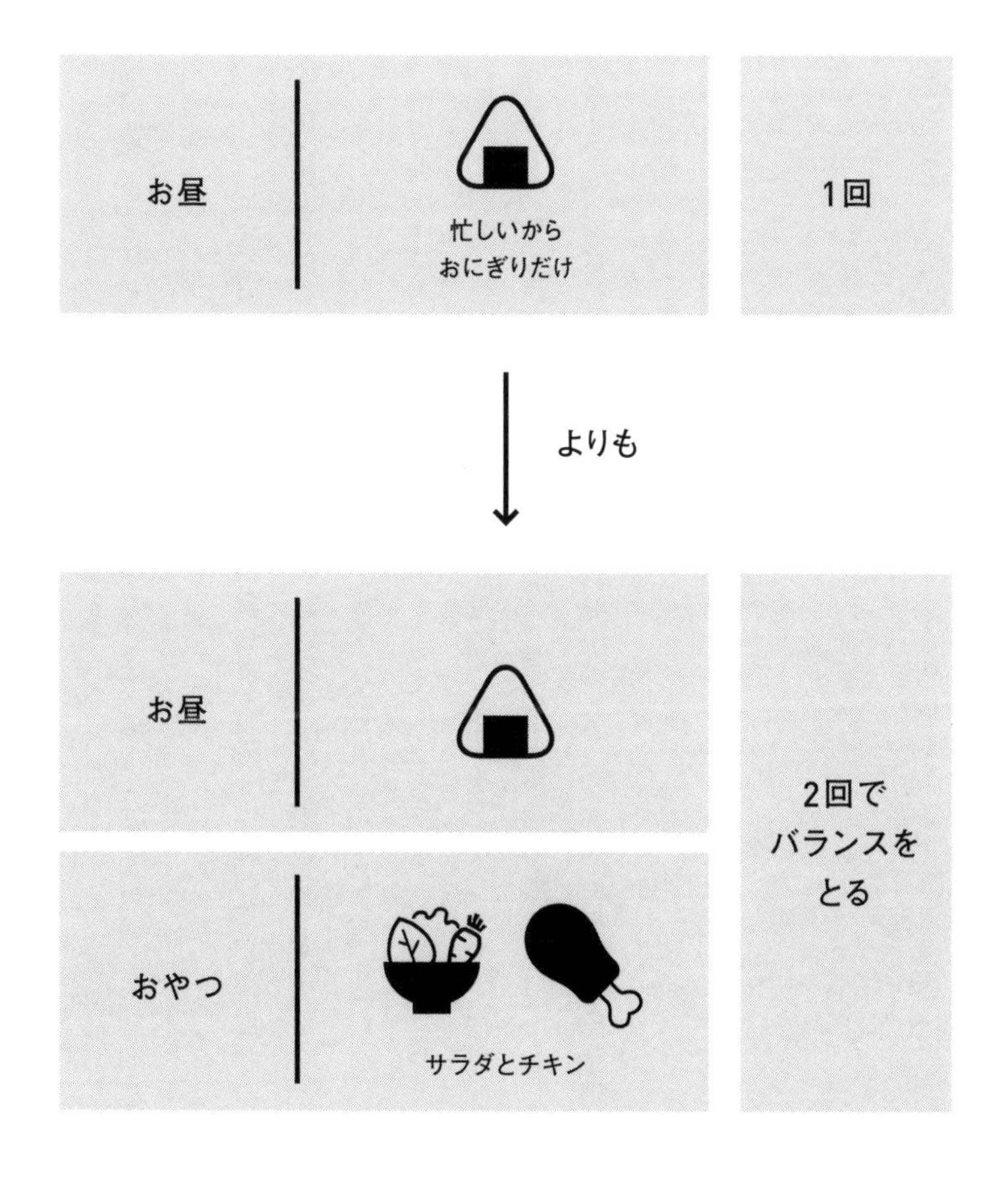

僕は、夜に会食することが多いこともあって、食事は1日4〜5回に分けてとっています。昼食にがっつりと定食を1回食べるのではなく、野菜だけ、肉だけと軽い食事に分ける。

忙しくて、コンビニで買ったおにぎりしか食べる暇がなければ、次の食事のタイミングでサラダだけを食べる。最近は、どのコンビニでも燻製のサラダチキンを置くようになっていますが、あれは手軽にタンパク質がとれていいですね。これならコンビニだけでも、バランスはとれそうです。

実際に、間食も含めて3〜4時間ごとに定期的に食事をとることで、血糖値が一定になるというデータもあります。1日3食というのは、単なる思い込みかもしれません。僕も、グーグル時代にこの1日4〜5食を実践して、ベストな体重を維持してきました。

「急いでいるから、体にはよくなさそうだけど、ファストフードのハンバーガーにするか」と考えるのではなく、何回かに食事を分けてとることを考えてみてはどうでしょうか。

なお、最近では脳の働きをよくするためには、次のような栄養素がよいとされているようです。

・ブドウ糖…野菜・豆・全粒粉など
・必須脂肪酸…サンマなどの青魚に含まれるオメガ3、植物油に含まれるオメガ6など
・リン脂質…大豆食品・鶏卵など
・アミノ酸…肉・魚・豆類に含まれるタンパク質など
・ビタミン・ミネラル…ビタミンは野菜、特に緑黄色野菜、ミネラルは海藻やきのこ類によく含まれていますが、その種類が多いので、様々な食品をとるようにするとよいそうです。

参考にしてみてください。

グーグルでは、なぜ「料理」を教えるのか

よい食習慣をつけるのに効果的なのは、「自分でつくる」ということです（特に普段

料理をされない方！）。

実はグーグルでも、こうした実験を進めており、料理を教えるプログラムもはじまっているそうです。

なぜ、自分で料理をするのが、健康によいのか。

それは、料理をすることで、その料理がどんな材料で、どんな方法でつくられているかがわかるからです。

たとえば、皆さんが昼食に弁当を買うにしても、外食をするにしても、実際に何が入っているのか本当のところはわかりません。

もちろん、弁当や惣菜の成分表には肉や野菜など、使われている食材が書いてはありますが、実際に見てみないと、実感はわきません。

ところが、実際に自分で作ってみると、「この料理は実は結構砂糖を使っているな（今後は控えよう）」とか、「ヘルシーな料理だと思っていたら、意外と油を使っていたんだ」などという発見があります。

すると、自分からその食品を控えようという気持ちになります。

また、自分で調理しながら、この野菜はどんな栄養があるのか、何を合わせたらより健康的に栄養がとれるのか、などと学ぶこともできるはずです。

頭で知るよりも、こうして実体験で学んだほうが、自分の行動を変えることができます。近年は、ハーバード大学でも、エグゼクティブに料理を教える講義などがあるようです。

また、もっと自分の体がどんな反応を示すのか細かく観察するならば、「この食材を食べた時は何となく体調がいい」「この食材が使われている時は、次の日、体調がおかしい」などということがわかってきます。

そんなわけで、僕も週末にはできるだけ料理をしています。

これを言うといつも人に笑われるのですが、僕は人のために料理することがあまり好きではありません。

自分が今何を食べたいか、その食材と何を組み合わせたら美味しくなるかということだけではなく、その食材にはどんな栄養が含まれていて、体調にどんな影響があるのか、観察します。オタク的な探究心から、料理を作るのです。

「今日、僕は何が食べたいだろう？」
「久しぶりにサーモンが食べたい」
「いつもと違った調理法はないか」
「よし、パルメザンチーズを載せたらどうだろう？」
「サーモンは揚げるよりも、焼いたほうが、次の日の体調はいいな。次回からは焼いたほうがいいかもしれない」

こんな感じで、実験するように料理を作っています。

ちなみに、最近ハマっているのは納豆です。納豆は好きなんですが、どんな食べ方があるのか試行錯誤しています。この前は、納豆とオイルサーディンを混ぜてみたところ、実に美味しかったです。

仕事の時間が乱れて、食生活も乱れてくると、太ったりして、体調に影響が出るだけでなく、仕事のアウトプットにも影響します。

すべてがつながってきますので、料理についてはもっと意識していただきたいところです。

食生活に恵まれた日本の環境を活用しよう

食事に関していえば、日本はとても恵まれた国です。

それは、政府がきちんと国民の栄養状態をケアしようとしていること。こうした施策は他の国ではほとんどとられていません。


今、「和食」と聞くと「健康的」というイメージが浮かぶかもしれませんが、日本の食生活がずっと健康によかったわけではありません。

たとえば、19世紀くらいまでの日本人の食生活はかなり不健康なものだったようです。明治時代、2隻の軍艦を使って、栄養バランスの実験が行なわれたことがあります。1隻は当時の標準的な和食、もう1隻は欧米型の食事が乗組員に出されました。2隻の軍艦が日本―アメリカ間を往復したところ、乗組員の死亡率は和食を採用したほうが圧倒的に高かったのです。このことに危機感を覚えた政府は、国民の食生活を向上させることを国策として決めました。

徴兵された兵隊は軍隊で覚えた洋風野菜と肉の調理方法を持ち帰り、日本全国に広めていきました。

第二次世界大戦で日本の食糧事情は悪化しましたが、戦後はアメリカの援助で学校給食が全国で実施されることになります。これについてはアメリカの農家が日本に食料を売りつけたといった批判もありますが、極端にお米の多かった食事から、タンパク質なども含むバランスのよい食事になったことで、日本人の食生活は大きく改善されました。

今でもメタボなどへの取り組みがありますが、政府として国民の食生活までケアしているような恵まれた環境にいるのですから、ぜひ健康的な食生活を普段から意識してほしいものです。

お酒とどうやって付き合うか

この本の後半でも触れますが、僕はコミュニケーションを深めるために、「飲み会」を重視しています。

適度にアルコールが入ると、コミュニケーションも円滑になりますが、問題なのは翌日のパフォーマンスに悪影響を与えないようにするにはどうすればいいか、ということです。

アルコールに関しても、僕はこれまで自分なりにいろいろと試して、最適な飲み方を探してきましたので、ご紹介しておきます。

・水と食事を十分にとる

水分と食事を十分にとりながらアルコールを飲むのは大前提です。

飲食店ではせっかくお冷やを出してくれるのに、ひたすらお酒ばかり飲む人がいますが、これだと酔いが回りやすくなります。僕は、アルコールを飲んだら同じ量の水を飲むようにしています。

また、いつもより脂質の多い食べ物をとるのもいいでしょう。脂質の多い食べ物がお腹に入っていると、二日酔いになりにくくなります。脂質の多い食べ物をとると太りそうな印象がありますが、肥満の原因は脂質ではなく糖質であることが研究によって明らかになってきています。

そして、これ以上アルコールをとると次の日に残ると思ったら、どんなに勧められても断ります。

・「とりあえずビール」はやめる

お酒の種類も酔い方に大きな影響を与えます。

日本人は「とりあえずビール」からはじめて、その後で日本酒やワインに行く人が多いのですが、どうもこれは酔いやすい飲み方のようです。

ビールを飲むと、炭酸ガスで腸が膨らみ、そこからアルコールが血液中に吸収されやすくなってしまうんですね。ビールに限らず、炭酸ガスの入っている飲み物についても同じことがいえます。ハイボールもそうですし、ノンアルコールの炭酸飲料を飲んですぐにアルコールを飲んだら、やはりアルコールがすぐ吸収されて酔っ払いやすくなります。

そろそろ「とりあえずビール」はやめたらどうでしょうか。

最初から自分が一番好きな飲み物を頼みましょう。

「付き合いだから」と1杯目で我慢してビールを飲むと、その分余計なアルコールをとることにもなります。

・お酒については「軸」を持つ

一緒に飲んで仲良くなるのは大事ですが、一方で、自分の体調に合った飲み方を守ることは、自分にとってとても大切です。

懇親会が開催されて、「ピョートルさん、ビールでいいですか？」と聞かれても、僕は「日本酒をお願いします」と答えます。「え、日本酒からですか？」と聞き返されますが、そこは譲らない。

結婚式などのイベントでどうしても最初のビールを断り切れない時は、仕方なくビールをいただきますが、飲むのは本当に一口だけ。すぐにグラスはおいて、赤ワインか日本酒を頼むようにします。

アルコールと付き合うためには、自分の軸が必要です。その時はすごく美味しいと思って飲んでいても、翌日のパフォーマンスに大きな影響が出ます。

「自分が飲めるのはここまで」

「自分にはこのお酒が合っている」

普段から自分の状態に気を配り、最適なパターンを探してください。そして、よくないパターンを人から勧められたとしても、絶対にそれには乗らないこと。

お酒をたしなむ人なら、お酒を飲んだ翌日に「ああ、気持ち悪い」と後悔したことがあるはずです。気持ち悪くなったのであれば、その時に自分が飲んだパターンを検証して、今度は違うパターンを試してみましょう。

僕は日本酒と赤ワインが好きで体にも合うために、もっぱらこれらを飲むようにしていますが、最近はほかのお酒についても「これを飲んだら、次の日どんな気分になるか」と試しています。

日本に17年間住んでいるのに1度もチューハイを飲んだことがなかったので先日試してみたのですが、やっぱり僕には合いませんでした。

また、僕は赤ワインが好きなのですが、どうも日本の赤ワインを飲むと翌日に残ってしまう。いろいろ試してみたのですが、チリやアルゼンチンのワインは安くても、自分は二日酔いになりにくいことがわかりました（ただ最近、二日酔いになりにくい、日本製の赤ワインを知り合いに教えてもらいました。こうした新しい発見があると、お酒との付き合いも楽しくなります）。

ちなみに、つい飲みすぎてしまう人は、自分へのアラームをスマホで表示するとよいでしょう。僕は飲む前に「控えめに飲みましょう」というアラームを入れています。

・飲み会や食事会は自分から開く

人とお酒を飲んだり食事したりということに関して、できる限り僕が心がけていることがあります。

それは、自分から人を誘うということ。

僕はお酒を飲むのが大好きですが、あくまで自分が好きなお酒を飲みたいのです。ビールは苦手だし、中国のお酒も苦手です。中華料理は好きなのですが、夜、中華料理を食べるとなるとどうしてもビールか中国のお酒を飲むことになりますし、僕が好きな赤ワインと中華料理も合わせにくい。かといって、人からぜひと懇親会に誘われたら、断りづらい。

それならば、最初から自分の好きなレストランへ、誘いたい人を誘おうと考えるようになりました。

僕は美味しいものが食べられて満足ですし、リラックスできるから、お客さんとの会話も弾みます。

食事の「DCA」を回す

最近は、「健康にいい食べ物」や「健康にいい食べ方」などの情報がたくさん出回っています。

僕も時に、大学の栄養学の先生のレクチャーを受けることもあります。

しかし、たくさんの情報に振り回されるのは考えものです。

振り回されないためには、自分で試して、自分に合うものだけを取り入れることだと考えています。

「どんな料理が自分は好きか」「どんなお酒が自分に合うか」

自分の好き嫌いや適性を知るには何でも試してみるしかありません。

たとえば僕は、最近「1日1食」というのを試しています。

実は、最近少し太ってきたのです。これまでは、1日に4～5回に分けて食事をとることでベストの体調を維持できていたのですが、最近は食事会の頻度が増えてきてしまったのです。食事会ではお酒も飲みますから、必然的に食べる量も増えてきてしまう。

そこで、僕は今の状況に合った最適な食事パターンを探しはじめました。

昔は「朝ご飯を食べないと健康によくない」と広く信じられていましたが、最近では「１日１食だけ」のほうが健康にいいという研究結果も出てきました。

どういう結果になるかはまだわかりませんが、しばらくの間、朝食と昼食はとらずに、夕食だけにするというパターンを試して、自分の体がどんな反応を示すのかを観察してみようと思っています。

食事に関する研究結果は様々で、時には真逆の結果が発表されることもありますから、どれか一つだけに正解を絞り込むのは難しいです。

よく「仕事のＰＤＣＡ（Ｐｌａｎ＝計画、Ｄｏ＝実行、Ｃｈｅｃｋ＝評価、Ａｃｔ＝改善）サイクルを速く回せ」などと言う人がいますが、僕は、これを仕事だけでなく、食事や自分の人生すべてに適用しています。

ただし、Ｐｌａｎはそんなに時間をかける必要はありません。「ＤＣＡ」が大事です。常に「ＤＣＡ」を回して、「自分」の反応を観察しましょう。

また、自分に関する客観的なデータをとるのも、体調を維持していくために重要です。いくら「お酒を飲むのが楽しい」、「炭水化物が大好き」だとしても、それが健康に悪影響を与えていては元も子もありません。

定期的にきちんと健康診断を受けて、自分の状態を把握しておきましょう。

最近ですと、Apple Watch や Fitbit など、心拍数をはじめとした健康状態を常にモニタリングできるスマートデバイスが増えてきました。自動的に体重の変化を記録してくれる体重計も販売されています。

自分の感じる好き嫌い、そして客観的なデータ。それらをできる限り、たくさん集めて、「自分」はどんな時に快適に動けているのかを把握しておくとよいでしょう。

仮眠はパフォーマンスアップに効果的

スペインなどでは長めの昼休み、シエスタをとることが一般的で、この時間帯を昼寝にあてる人も多いです。昼寝と聞くと、「仕事中になんてのんきな！」と憤慨する人もいますが、実はとても合理的な行動なのです。

人間は、もともと昼寝をする動物です。

人間のサーカディアンリズム、いわゆる体内時計は概ね24時間周期になっており、午後2～3時くらいに活動が低下すると言われています。昼食を食べたかどうかにかかわらず、この時間帯は眠くなりますが、無理に頑張ろうとするより仮眠をとるのがパフォーマンスアップには効果的です。最近では会社として仮眠の時間を設けるところもあるようです。

どれくらい仮眠をとるのがベストかについてはいろいろな説がありますが、最近の調査では10～20分くらいが効果的と言われています。僕はだいたい20分くらいです。

仮眠を30分以上とると深い睡眠状態に入ってしまい、そこで起きるとダルさが残るため、パフォーマンスアップには逆効果です。

僕は仮眠を効果的にとるために、スマートフォンのアプリを使うようにしています。よく使うのは、「BrainWave」と、「Relax Melodies」。雨の音などの環境音を聞くことで、短時間の仮眠でも効果的に疲れをとることができます。川のせせらぎや、波の音、雨音などのアプリや音源は様々な会社から発売されていますから、自分が使いやすいものを探しておくとよいでしょう。

気持ちよく仮眠をとるためにも、居心地のよい場所を見つけておくのはお勧めです。グーグルには仮眠室がありましたが、仮眠室がなければ、人気のない会議室やミーティング席なども候補になるでしょう。

昼食をとったあと、天気のよい日なら公園のベンチで仮眠をとると気分がとてもすっきりします。

仮眠をとっている余裕がないというのであれば、椅子に座って深呼吸しましょう。そして、じっと目を閉じて、雨音や川のせせらぎを10分ぐらい聞いて心を落ち着けるだけでも、ずいぶん効果があります。瞑想と仮眠の中間くらいの休息です。

なお、仮眠してスッキリ起きたい時は、眠る前にコーヒーを飲むのも効果的なのだそうです。コーヒーのカフェインが飲んでから脳に届くのは30分程度かかるといわれています。そのため、仮眠の前に飲めば、目覚めるころに効いてくるというわけです。

よい睡眠をとるための心がけ

仮眠は疲れをとりパフォーマンスアップするのにとても効果的ですが、当然のことながら、普段から睡眠を十分にとっておくことが重要です。睡眠不足が続いている状態を、仮眠で何とかリカバリーしようとするのは無理があります。

睡眠のサイクルには個人差がありますが、最初に浅い睡眠（レム睡眠）から深い睡眠（ノンレム睡眠）入り、また浅い睡眠になるまで90分の波があり、その最初の深い睡眠のときが、一番深い睡眠に入れるといわれています。したがって、眠りについてから最初の90分にしっかりと睡眠がとれることが大事です。

ソフトバンクのペッパーの開発にかかわっていた林要さんのGroove X社では、社員に最低でも6時間以上の睡眠を義務付けています。休日はフリーといっても、睡眠不足は翌日のパフォーマンスに影響が出ます。そのため寝不足は禁止なのだそうです。健康の面でも、脳科学的にも、毎日7時間以上の睡眠が推奨されているようです。

また、米国での研究ですが、睡眠不足と死亡率の相関関係を示すデータも出ています。健康面から考えても、睡眠はぜひ6~7時間はとりましょう。

同じ時間に起床する

グーグルには「睡眠」のとり方を指導しているチームがあります。

仕事が忙しかったりすると、なかなか睡眠時間をとれないこともあるかもしれませんが、一番大事なこととして、「起きる時間を一定にする」ということを指導しています。

平日は同じ時間に起きたとしても、休日は、ついお昼まで寝てしまう、という人もいるかもしれません。

しかし、そうすると体が混乱してしまって、週明けは疲れたまま、仕事がはじまることになります。みんなよくやっていることと思うかもしれませんが、これが習慣化していくと、体内のリズムが崩れ、体に悪影響を及ぼすようになります。

また「平日は睡眠不足だから、週末に寝だめしよう」「今日は早く帰ってこられたから早く寝るけど、明日は残業で遅くなるからあまり寝られない」という人もいるでしょうが、〝寝だめ〟では回復できないという研究結果も出ています。

良質な睡眠をとるには、日々のパターンが重要です。できるだけ毎日の睡眠パターンを揃えるようにします。夜更かしすることが何となく習慣になってしまっている人は、少しずつ睡眠のパターンを揃えられるように工夫してみてください。

睡眠のパターンを揃えるために夜できること

気をつけるべきポイントは、いくつかありますが、寝る1時間くらい前にスマホやテレビを観ないということは大事です。

スマホやタブレットの画面からの光に含まれる青い光、ブルーライトはエネルギーが高く、夜に浴びると体内時計を狂わせて睡眠障害を引き起こすという研究結果も出ています。

それに寝る前に、SNSでやりとりをしていたりすると、脳が興奮してやはり深い睡眠に入りにくくなってしまいます。

どうしてもスマホやタブレットを見なければならないことがあったら、ブルーライトを減らして赤みがかった表示にするモードを利用するべきでしょう。iPhoneやiPadには指定した時間にブルーライトを低減する「ナイトシフトモード」が標準で搭載されていますし、Android端末にも同様の「夜間モード」があります。

また、僕の場合、寝る前によく紙の本を読みます。最近は、小説を読む時間がなかなかとれないので、詩を読むようになりました。詩は短いけれど、一つひとつが完結していてちゃんと意味があり、じっくり味わっていると、脳が落ち着いてくる気がします。なかなか本を読む時間がないのであれば、詩はお勧めです。

・眠れない時は、1度寝室から離れる

脳が興奮して眠れないような状態の時は、お風呂に入ったり、ハーブティーやホットミルクを飲むのもよいと思います。

最近の研究では、眠れない時は、1度寝室を離れ、眠くなった時にあらためてベッドに入ったほうがよいという研究があるそうです。これは認知行動療法に基づくもので、「寝室は眠れない場所である」という記憶を脳に植えつけないためのものだそうです。

「寝よう寝よう」と頑張らないほうが、かえってよいのかもしれません。

ＯＥＣＤの調査によると、ＯＥＣＤ加盟国のなかで日本人は2番目に睡眠が短いそうです。僕も日本人の睡眠は短いと思う。ぜひ、適正な睡眠をとる習慣をつけることを心がけていただきたいです。

目が疲れた時の対処法

パソコンの前でずっと仕事をしていると、目が疲れてきます。目の疲れを感じたらその時もぜひ休憩したほうがよいわけですが、特に目の疲れをとるために僕自身がやっている方法を紹介しておきます。

・トイレの洗面所で顔を洗う

女性の場合、アロマのスプレーやミスト系化粧水を使っている方もいるようです。

・植物を見る

緑色のものは、リラックス効果があるといわれています。疲れてきたら、時折見るようにしています。植物の葉の1枚1枚が識別できないくらいの距離からぼーっと見るのがいい、という研究もあるようです。

・瞑想する

目を閉じて数分間瞑想します。

・グッズを使う

「めぐりズム」のような目の疲れをとるグッズが出ているので、自分に合ったものを試してみます。

運動の時間がとれなければ、仕事の中に運動を取り入れる

健康的な体のためには運動も重要です。グーグル社内にはトレーニングルームやヨガができる場所などもありましたが、なかなかそういう会社も少ないでしょう。僕が心がけているのは、仕事の中で「運動」を取り入れるということ。

たとえば、僕は筋トレが好きです。時間があればジムに行けばいいのですが、そうした時間もなかなかとれないため、自宅作業の時は、仕事部屋にバーベルを置いて、仕事の合間にサクッとトレーニングできるようにしています。忙しい日は、朝30秒でもちょっと体を動かしています。

また、立ったり歩いたりすることもできるだけ増やしています。たとえば、電車でも、メールなどの用事があれば座りますが、そうでない場合は基本的に立っています。

第1章でも紹介しましたが、グーグルの時には、立ったり座ったりできるデスクがあったので、それも重宝しました。会議でずっと座りっぱなしの日は、自分の作業は立ってすることにしていました（この姿勢を変えるという単純な動きも、体にはいいそうです）。ずっと座って疲れたら、少し高めのキャビネットの前で立ちながら仕事をするとか、普段の仕事の中でも、そんな工夫ができるとよいかもしれません。

結局、動くことを心がけていれば特別なことをしなくてもいいと思います。よく見ると成功している人たちって、うまく〝混ぜて〟いるんです。たとえば、今は仕事だけどその後美味しい食事をするんじゃなくて、仕事中に美味しいものを食べるとか。運動がしたかったら、仕事中に動くとか。会議室に行くのに階段を使うということでもいいでしょう。また、都内にいると電車に乗っても歩いていっても大体同じくらいの時間のところがあります（東京駅から大手町・日本橋・二重橋前など、乗り継ぎや出口によっては歩いたほうが速いでしょう）。そういう場合は、歩いたほうが健康的です。

運動といったルーチンを、仕事と同時進行で混ぜていくことは、忙しい人にとっては、効果的な考え方だと思います。

まとめ

- □よい食習慣を身に付けるために「食事」への意識を高めよう
- □お酒は「自分の軸」をもって付き合う
- □健康に関するティップスは、DCAを回して自分に合ったものを選ぶ
- □睡眠は、リズムをつくることを心がける
- □パフォーマンスを出すための「体調」は自分で管理しよう
- □忙しい時は、仕事の中で動く

第4章

疲れる組織と疲れない組織

心理的安全性が不安を取り除く

あなたを疲れさせる最大の原因とは？

第1章では、フロー状態に入ることさえできれば、疲れることなくアウトプットを高められること、そしてマインドフルネスを活用して心の状態を整えればフロー状態に入りやすくなることを説明しました。

でも、「これだけで疲れなくなるなら苦労はしない！」と感じられる方もいるかもしれません。

自分がいくらマインドフルネスで心の状態を整えようとしても、会社ではいきなり用事を言いつけられたりもしますから、なかなかうまくいかないのは当然です。

そもそも「会社にいるだけで疲れる」と感じている方もいるのではないでしょうか？

疲れる原因をもう少し探ってみましょう。

序章で紹介した調査によれば、東京都で働く20〜59歳のビジネスパーソンの８割が「疲れている」と回答していましたが、疲れる原因のトップは圧倒的に「仕事の人間関係」なのです。

さらに、同じ調査結果を見ていくと、２人に１人が「上司の一言で疲れが倍増した経験あり」と答えています。

実際に上司に言われた台詞の一覧も出ていました。


「常識でしょ」

「そんなこともできないの？」

「前にも言ったよね？」

「自分で考えてやれ」、でも「勝手にやるな」

「まだ終わらないの？」

「やる気あるの？」

「仕事だから、我慢してやって」

「その仕事やっぱり必要なかった」

「暇そうだね」

「忙しいから後にして」、でも「何で早く言わないの？」

「前例がないから」

と続きます。もう、眺めているだけでぐったりしてきますね。

心理的安全性がないと、パフォーマンスを発揮できない

職場の人間関係が悪いと、それだけで疲れるということについては誰もが同意するでしょう。

「仕事は辛いものだから」「イヤな上司も我慢してさっさと仕事をすませたい」……。そういうものだと諦めてしまっているかもしれませんが、実はそれこそが会社にいて疲れる原因であり、日本企業において生産性がなかなか高まらない大きな理由なのです。


第1章で、「フロー状態に入るための17のトリガー」を紹介しましたが、覚えていますか？

17のトリガーは、三つの「心理的トリガー」、三つの「環境的トリガー」、一つの「創造的トリガー」、そして10もの「社会的トリガー」に分類できます。半分以上のトリ

図4-1　フローを起こす社会的トリガー

7. 明確な目標の共有
8. 良好なコミュニケーション
9. コントロール感
10. リスクの存在
11. 本気で集中する環境
12. 平等な参加
13. 親密さ
14. 自我の融和
15. 傾聴
16. Yes And...

ガーが社会的、つまりチームの人間関係と大きなかかわりがあります。

あなたの職場では、このうちどの程度当てはまるでしょうか？

フロー状態に入るためにすべてのトリガーが満たされている必要はありませんが、人間関係が良好な職場ほどフロー状態に入りやすい条件が整っているとは間違いなくいえます。

いうまでもありませんが、人間は社会的動物です。単独で暮らして狩りを行なうのではなく、集団で社会を築いて生きています。

信頼できる人たちとの人間関係があってはじめて安心できる生き物なのです。

不安な状態だと、パフォーマンスを発揮できないのは当然のことだといえるでしょう。

以前、グーグルでは、生産性が高いチームと、そうでないチームの違いはどこにあるのかについて、組織心理学者などを入れて調査したことがあります。

たとえば、フラットな組織がいいのか階層的な組織がいいのか、ミーティング中の私語が多い組織がいいのか私語は一切ない組織がいいのか、学歴が同じような組織がいいのかバラバラな組織がいいのか——。しかし、それらの間に相関関係は見つかりませんでした。

同じような組織でも結果は真逆なことがありますし、同じ人でもチームによって成果が変わることもあります。

1度は壁にぶち当たりましたが、再度検証していくと、生産性が高いチームの共通要因が見えてきたのです。

それは、他のメンバーへの思いやりや、共感といった能力。それがあるからこそ、余計なことに悩まされず、「自分はここの一員として認められている」「この場所なら安心して仕事に取り組める」と各々が感じられ、結果、生産性も上がるというのです。

これは「心理的安全性」という言葉で知られ、この「心理的安全性」を高めることが、結果的に疲れず、高いパフォーマンスを出すための近道になるのです。

僕が見たところでは、日本で唯一のユニコーン企業（飛躍型企業：企業としての評価額が10億ドル以上の非上場ベンチャー企業）メルカリが、こうした特長を持っています。

・スピード重視で意思決定が速い
・小さなチームでも、一人ひとりが責任感を持って、問題を人のせいにしない
・ミスが起きたら同じことが起こらない仕組みをつくる
・2回以上行なったタスクは自動化する
・AIと機械学習で自分たちの仕事をなくしていく

といったメルカリの仕事の仕方は、「心理的安全性」あってのことだといえるでしょう。

「自分優先」のシリコンバレー式マインドフルネスがダメな理由

さてこれから、ではどうしたら「心理的安全性」を醸成していけるのかということを説明していくわけですが、その根本に必要なのは、「自分だけに向けたマインドフルネス」ではなく「他人に開かれたマインドフルネス」、つまり、相手やチームに対する思いやりや気配りと言い換えてもいいでしょう。

僕自身、マインドフルネスを実践していて効果を実感しているのですが、昨今のシリコンバレーからはじまるマインドフルネスブームには違和感を感じています。

流行のマインドフルネスは、ものすごいスピード感を要求されるシリコンバレーの企業が、どうやったら疲れずに落ち着いて働けるかを考えた結果、生まれたものといえるかもしれません。したがって、シリコンバレー流マインドフルネスの研修では、「自分の内面を意識して、状態を整えよう」「飲食の時、どんな感覚が自分の中で生まれたかを意識しましょう」などと言われることがよくあります。ヒッピーを受け入れてきた、カリフォルニアのゆったりした文化も影響しているのでしょう。

別に、こうしたマインドフルネスのあり方が間違っているというわけではありません。でも、それでは不十分なのです。

何が不足しているのか。

それは**「他者」との関係性**です。

いわゆるマインドフルネスでは自分がどう感じているのかを重視しますが、他者とどう接していくのかについてはそれほど重視されていません。

僕は合気道を学んでいるうちに、この「他者を含めたマインドフルネス」の必要性を強く感じるようになりました。

合気道では、相手の動きや呼吸を感じ、それに応じた対応をします。組み手をする時は、相手の目を見ることが重要ですが、相手の緊張が高まりすぎているようなら、あえて視線を外して、相手の気をそらします。

仕事でも同じことが言えます。

誰かと話す時には、その相手がどんな動きをしているのか、どんな気持ちでいるのかを瞬間、瞬間で感じるようにします。

「この人はこういう経歴でこんな仕事をしているから、こんな考え方に違いない」などと、話す前から偏見を持って決めつけてしまうのはもったいないです。

相手のことをじっと観察するのではなく、瞬間に集中して、無意識に全体をとらえる。そうすると、言葉では説明できないこともわかってくるんですね。「この人は強気に振る舞っているけど、実はすごく緊張しているな」とか、「この人は、こういう話題になった時リラックスするんだ」とか、そういった言語のレベルを超えて、もっと深いことが自然と見えてきます。すると、コミュニケーションはもっとうまくいくのです。

会議や打ち合わせの前にマインドフルネスを実践しようと先に述べましたが、会議や打ち合わせに入ってからも「他者を含めたマインドフルネス」を続けることが、大切なのです。

「他者を含めたマインドフルネス」は日本の文化!?

「他者を含めたマインドフルネス」ともっともらしく言いましたが、実をいえばこんなことはわざわざ僕が言うまでもないことなのです。

なぜなら、日本には元々「他者を含めたマインドフルネス」が文化に根付いているからです。冒頭で述べた「おもてなし」はまさにそれですし、花見もマインドフルネスだと僕は思っています。

ほんのわずかな間だけ咲き誇り、散っていく桜を愛(め)で、仲間とともに酒を酌み交わす。今この瞬間を他者とともに感じるマインドフルネスです。

そもそも、シリコンバレーのマインドフルネスは、禅などアジアの文化に影響を受けているわけです。こういう素晴らしい文化をもっと大事にし、仕事にも活かしてほしいと思います。

グーグルは「相手を含めたマインドフルネス」を重視する

僕は、2011年にモルガン・スタンレーからグーグルへ転職しました。グーグルでもマインドフルネスの考え方を日々の仕事に取り入れるようになっており、「瞑想しましょう」「自分の心身の状態を整えよう」ということが盛んに言われていました。

この頃、グーグルで行なわれていたマインドフルネスは、「自分」にフォーカスしたものでした。

もっとも、「自分」とはいっても自己中心的というわけではありませんでした。

たとえば、飛行機に搭乗すると、緊急時の酸素マスクの使い方が説明されます。もし、乗客が子どもを連れているとしたら、忘れてはならないのは〝Put your oxygen mask on first.〟。つまり、親が最初に酸素マスクをつけなさいということです。親が酸欠になって気を失ってしまったら、子どもの面倒を見る人がいなくなってしまう。だから、まず自分の状態を整えなければなりません。これは自分を最初にしたとしても、自己中心的ではありません。

マインドフルネスは日本を含めて世界的に広がっていきましたが、結果的に「自分の状態を整える」ということばかりに注目が集まってしまったきらいがあります。

しかし、疲れない組織のためには、それでは足りません。

そこで、グーグルでは「相手を含めたマインドフルネス」も積極的に取り入れていくことになり、僕も研修のためのカリキュラム作成を担当しました。

グーグルでは、マネージャーが学ぶべきことを「re:Work」というサイトにまとめていますが、その「Understand emotional intelligence and compassion」（感情的知性と思いやりを理解する）という項目がそれです。

Sympathy、Empathy、そしてCompassion

グーグルの「Understand emotional intelligence and compassion」について簡単に解説しておきましょう。

ここで言わんとしているのは、感情を含めて相手の状態を感じ、理解し、働きかけるということ。

当たり前のように思うかもしれませんが、これができている人は意外に少ないのです。

もう少し詳しく説明すると、このプロセスは「Sympathy」「Empathy」「Compassion」の3段階に分けられます。

「Sympathy」というのは「同情」。

「Empathy」は「共感」。

「Compassion」は「思いやり」です。

似ているように思うかもしれませんが、この三つは微妙に違います。

図4-2　相手の感情を知り、理解し、働きかけるプロセス

「Sympathy」＝「同情」
「Empathy」＝「共感」
「Compassion」＝「思いやり」

まず、第1段階の「Sympathy」。これは困っている人を見たら、「可哀想だな」「気の毒だな」と感じることです。英語でいうと、I feel for you. です。

部下や同僚が悩んでいたり、トラブルを抱えているのであれば、「いい気味だ」とか「自分は関係ない」と思うのではなく、まずは「Sympathy」を持つ。他者を含めたマインドフルネスはそこからはじまります。

第2段階の「Empathy」は、相手と同じ立場に自分を置いて、感情を共有することです。英語では、I understand you. となるでしょうか。

「Sympathy」の段階では、相手の悩みはまだ他人事です。それを自分事へと変換していくのです。

「あんな予想外のトラブルに自分が見舞われたら、ヘコんでしまうなあ」

「なかなか業績が伸びなくて焦る気持ち、わかるわ

かる」

そういう感情移入が「Empathy」なのです。

最近の脳科学によって、「Empathy」のメカニズムも分析されはじめました。

たとえば、痛みで苦しんでいる人の画像を被験者に見せると、被験者が痛みを感じる際に使われる脳の領域も活性化されることがわかっています。

しかし、共感には副作用があります。あまりにも共感しすぎてしまうと、自分の脳も同じように痛みを感じ、それがストレスとなって「燃え尽き症候群」になってしまうことがあるのです。

そこで、「Compassion」です。これは単に共感するのではなく、相手を助けてあげたい、そういう温かい気持ちを持つことを指します。英語でいうと、I want to help you. です。

面白いことに、ある研究によれば、短期間の「Compassion」トレーニングを受けた被験者は、短期記憶のトレーニングを受けた被験者よりも、積極的に他者を助ける行動をとるようになったということです。「思いやり」は鍛えられるんですね。

相手から思いやりを感じると、人は心理的安全性を得ます。そういう状態に脳がなって初めて、**「自己開示」**ができるようになります。

自己開示ができなければ、悩みも話さないし、自分が求めていることも言わないし、自分の価値観を言葉にすることができません。

自分はどんなことで悩んでいるのか、求めているのは何か。どんな価値観を持っているのか。それを開示しない人間関係を「ビジネスライク」だと考えている人もいるでしょう。

しかし、「仕事だから本音を言わない」「会社では感情を見せない」というのはビジネスにおいては致命的に危険なことです。

信頼できない人間関係においては、コミュニケーションがスムーズにいかず、情報が流れません。不都合な情報を隠したり、偽装したり、ありとあらゆるデタラメが出てくる可能性があります。

「相手を含めたマインドフルネス」は今日から実践できる

グーグルでは、マネージャー向けの研修で「思いやり」の重要性を強調しています。

誤解してほしくないのですが、これは特別な手法でもなければ、グーグルだからできるということでもありません。相手のことを思いやることで、仕事がとても楽しくなる。本来は、とても単純なことのはずなのです。

それなのに、日本では「働き方改革」と大上段に構えた言葉を使ってしまう。

「働き方改革を行なうために、プロジェクトチームを立ち上げましょう」

「グーグルをモデルにした人事制度をつくり、2年間かけて改善に取り組みます」

「働き方改革の200ページの企画書を書きました。これから関係者に根回しします」

……などなど。

どうも日本人は物事を複雑に考えてしまう傾向が強いようですが、もっと単純なことなのです。たとえば、あなたが上司や同僚から思いやりのない扱いを受けたとしたら、彼らを信頼する気になるでしょうか？

ここから「疲れる組織」「疲れない組織」とを対比しながら、「疲れずに生産性を上げる方法」を考えてみたいと思います。

疲れる組織と疲れない組織

疲れる組織：忖度（そんたく）が多い
疲れない組織：「わからないこと」は「わからない」と言える

2017年は、不正やデータ改ざんなど、日本型組織の問題点が一挙に噴き出してきた年でした。

何か事件が起こるたびメディアに登場したのが、2017年の流行語大賞にも選ばれた「忖度」という言葉です。

ポーランド出身の僕には「忖度」という言葉がピンと来ないため、いろんな人に定義を聞いてみましたが、人によって言うことが違うので、ますますわからなくなります。

そこで、「じゃあ、職場であなたが『忖度しろ』と言われたらどうするんですか？」と聞いてみたところ、「上司が心の中で望んでいることを推測して、言葉に出される前に動くかなあ」などと答えてくれたりします。

なるほど、「忖度」とはそういうことなのですね。

でも、「忖度」って疲れませんか？

上司が何を考えているのかよくわからない、相談すると怒られてしまうかもしれない。だから、勝手に妄想を広げて、勝手に疲れてしまう――。忖度にはそんな一面があります。

人間の脳は「今のこの瞬間」しか認識できません。不確かで余計な推測に振り回されて意識を集中できずにいると、エネルギーをすごい勢いで浪費してしまいます。

その結果、ストレスレベルが上昇していき、必要なことに十分なエネルギーを注ぐことができなくなり、結果、上司が「やれ」と言ったことだけを無難にこなすだけになってしまうのです。

一方**「わからない」ことを「わからない」と聞いたり、相手に何でも質問できる組**

織は、忖度の必要がありません。

不思議なことに日本では、「わからない」と言ったり、相手に質問したりすることを、恥ずかしがる方が多いように見えます。質問すると「バカだ」と思われるのではないかと恐れているように感じます。

でもわからないままでいては、何も進まず、時間とエネルギーだけがどんどん消費されます。

当たり前のことですが、きちんと質問する、そして質問されたらきちんと応えるのはとても重要です。

優秀な人は「今自分がわかっていること」と「わかっていないこと」を明確に切り分け、それに対処できるから仕事が速いのです。

「わからないこと」を「わからない」まま、推測で進めても、何もいいことはありません。つまり、「わからないことを聞く」、また「聞ける環境にある」、それだけで人はお互いを信頼できるようになり、心理的安全性が高まります。

「信頼」と似た言葉に「信用」がありますが、僕の中で両者はかなり意味の異なる言葉です。

「信用」は、「ある物事が嘘偽りない、間違っていないと受け入れられる」ということ。

一方、「信頼」はさらに深い、心のありようにかかわってきます。「ある人や物事の存在に価値を感じている、その人や物事を尊重している」ということが「信頼」です。

上司が信頼できる時、僕は思ったことを上司に何でも言っていました。上司も自分の意見を僕に率直にぶつけてくれる。上司が僕にどんな期待を持っているか、僕は上司に何をしてもらいたいのか、しっかりと話し合い、役割を決めていました。

相手を信頼できて、何でも言い合えるようになると、余計な「忖度」がなくなります。ああでもないこうでもないと妄想を巡らせて、脳のパワーを無駄に使う必要がなくなるため、集中力が増し、結果的にパフォーマンスが上がるのです。

疲れる組織：本音を言わない
疲れない組織：本音が言える

以前、僕は自分のFacebookアカウントを使って、アンケートをとったことがあります。

「あなたは、上司に本音を言っていますか？」と尋ねたのです。

すると恐ろしい結果が返ってきました。

250人くらいが回答を寄せてくれたのですが、結果は「まったくそう思わない」という人が8％、「あまりそう思わない」と合わせて、「上司には本音を言うべきではない」と考えている人が4分の1もいました。


「本音を言うべきではない」という人の理由は、「自分の評価に影響するから」「言っても否定されるから」「言ったら怒られるから」。

これはあくまでも仕事上の話についてであって、別に個人的な趣味について本音を言うかどうかではありません。それなのに、こんなに本音を言わない、言うべきではないと考えている人が多いことに驚かされました。

さらに、「あなたは、上司を信頼していますか？」と聞いてみました。

これまた、恐ろしい結果です。

結果は、38％の人が「信頼していない」。

かなり悲惨な結果ではないでしょうか？

僕は大学生の頃から、いろんな職場、いろんな上司の下で働いてきました。

その経験から実感したのは、**「信頼はパフォーマンスに直結する」**ということです。

自分が仕事にのめり込んですごくいい結果を出したのは、常に信頼し尊敬できる上司の下で働いていた時です。逆に、仕事がどうも面白くない、疲れる、思ったような結果が出ないのは、上司が信頼できない時でした。

モルガン・スタンレーで出会った、イギリス人女性の上司のことは今でも忘れられません。

金融業界でトップクラスのモルガン・スタンレーでは、ものすごく激しい競争が行なわれていて、神経をすり減らすことになるにちがいない……。

そう張り詰めていた僕に対し、開口一番彼女が言ったのは、

〝If you want something, ask for it.〟（何か必要があれば、聴いてください）

という一言。

どうということのない言葉だと思うかもしれませんが、これは僕の人生観に大きな影響を与えました。

それまでの僕はプライドが高くて、他人になかなか助けを求められませんでした。

上司に**「何でも相談して」**とフレンドリーに言われたことで、僕はとても気持ちが楽になり、実際彼女を信頼して何でも相談するようになりました。そうなると、面白

いように仕事の結果も出るようになってきました。

「難しければ相談してよい」という意識を持つこと、上司の側も「何でも相談して」という一言を言えること。依存が強くなるのは困りますが、ある程度自立したうえで、相談しあえる組織は、仕事もしやすいと思います。

疲れる組織：リスクをとれるだけの信頼感がない
疲れない組織：リスクをとれる信頼感がある

さらに、仕事のパフォーマンスに直結するのは「リスク」です。日本語だとリスクは「危険」と訳されることが多いので誤解されがちですが、Wikipediaによると語源である古いイタリア語の〝risicare〟は「勇気をもって試みる」という意味があるそうです。

たとえば、何か新商品のアイデアを思いついたとしましょう。1000万円くらい投資が必要だけど、うまくいけば10億円くらいの売上になるかもしれない。ただ、他社が同じような製品を投入してきたら、1000万円は丸損になってしまう可能性もある……。

これが「リスク」です。リスクは単なる危険ではなく、大きなチャンスにもなりえます。

日本人はリスクは「危険だから避けなければ」とついつい考えてしまいがちですが、リスクとは「プラスとマイナス、両方の結果を生み出す可能性」なのです。

よく「ローリスク、ローリターン」、「ハイリスク、ハイリターン」と言いますが、リスクをとらずに大きな成果を得られることはありません。リスクをとらないということは、大きな利益を得られる機会をみすみす逃してしまうことでもあるのです。グーグルにも、**「fail fast」「fail forward」**という言葉があり、誰よりも速く失敗することが奨励されています。

ビジネスというのは、いつもうまくいくことばかりではありません。予想もしないことは常に起こり得ます。だけど、「危険そうだから」という理由で、リスクの低いことばかりしていては、結局のところ、利幅も少ない。つまり、「生産性が上がらない」のです。

リスクをとるためには、上司との間に強い信頼が必要です。

成功した場合だけでなく、失敗した場合にどうなるかを上司に率直に伝える。上司は、リスクを評価し、うまくいく可能性があると判断したら、部下をサポートすると伝える。

こうすれば、部下は安心して仕事に打ち込めますし、きちんとリスクもとりにいくことができます。

また、心理的安全性の強い組織では、失敗しても、その失敗のことを上司に伝えられるようになります。これは、会社においては、「失敗を恐れないこと」と同義ともいえるでしょう。

何かうまくいかないことがあっても、上司にすぐ報告して相談することができると思っていれば、不安になったりせず、安心して集中力を発揮できるようになります。

疲れる組織：役割も期待されていることも曖昧
疲れない組織：役割と期待が明確

とはいっても、「いきなり上司を信頼しろ」と言われても困るでしょう。「信頼できる上司に当たるなんて、たまたまラッキーだっただけ」と愚痴りたくなるかもしれません（管理職の方から見たら残念ですが、自分も、上司には似たようなことを思っていませんか？）。

上司を信頼できないというのは、日本型企業に共通する大きな構造的欠陥です。その原因は、「役割」と「期待」が、ごちゃごちゃになっているということがあります。

多くの日本企業では、社員の役割分担がとても曖昧です。

部長、課長、係長……と役職があって、がっちりとした上下関係はあるけれど、それはあくまで役職。

日本企業に就職する上で重要なのは、あくまでその「企業の一員」になることであり、「何をやるか」ではないのです。そして、上下関係は年功序列によって規定されてしまいます。

こういう仕組みにおいて、上司も部下も自分の役割を自覚できないのは無理もないことといえるでしょう。

一応、「部署」ということで役割は決まっているものの、その中の役割は大雑把ですし、上司の側も、適切な管理職のトレーニングを受けずに、「じゃあ明日から課長だから」と課長になるケースが多いように思います。

あとから紹介しますが、グーグルはじめ外資系企業は、明確にマネジメントの仕事はこれであるということが決められています（誤解されやすいのですが、上司と部下というのは、「偉い」「偉くない」ではなく、単に役割の違いにすぎません。上司は上司としての仕事があるし、部下には部下としての仕事があります）。マネジメントの仕事の中には、それぞれのメンバーに対して、どんな仕事をしてもらいたいのかを明確にすることも含まれます。

しかし、役割が曖昧になると、「相手に期待していること」が曖昧になります。すると、当然ながら期待も満たされにくくなるのです。

「期待」が満たされるかどうかということは、相手を信頼するかどうかという点で、非常に重要なことです。

たとえば親だったら子どもに対して「勉強して賢くなってほしい」と期待するでしょうし、子どもは親に対して「自分のことを守ってほしい」と（無意識にせよ）期待しているでしょう。そしてそれが満たされたら、信頼感は増します。

友人関係においても、夫婦においても、「あの人と一緒にいるとホッとする」「一緒にいると楽しい」「美味しいものを食べさせてくれる」「優しい言葉をかけてくれる」などと、お互い、相手の役割に対して抱いている期待が満たされると、満足感を得られて人間関係はスムーズで快適になっていきます。相手への期待とその充足、そうした人間関係が持続していくことで、「信頼」が醸成されていくのです。

しかし、日本企業では**「役割」がそもそも曖昧なので、「期待」もすれ違いがちです。**

たとえば上司は心の中で部下に「Aさんは、新人だから、まずはこの分野で確実な成果をあげてほしい」と思っているのに、Aさんは「営業部の一員として、大きな数字をあげよう。だからいろいろと挑戦することで部にも貢献できるはずだ」と考えているかもしれません。

すると両者にすれ違いが生じ、部下は「頑張っているのに評価してくれない」、上司は「無駄なことばかりやって、仕事がおろそかになっている」と感じるかもしれません。

もしくは、上司が部下に「何に期待をしているのか」を伝えていないばかりに、「どうせ自分は期待されていないから」と、部下は前向きに仕事ができなくなってしまうことだってあります。

部下は上司がどんなことを期待しているのかわからないし、上司も自分がどんな役割を果たせばいいのかわからないから「自分で考えろ」といって丸投げしてしまいます。最悪の場合、お互いが何を期待しているのかもわからないまま、部下は闇雲にノルマだけを果たそうとします。時折、日本で事件になる「データ改ざん」といった不正は、こんなところにも原因があるように僕は思います。

期待は明確になればなるほどいいのです。

グーグルの人事評価は何をすれば評価されるのかが明確で、上司と部下が1対1で行なう1on1ミーティングでも、上司は「あなたにはこういうことを期待している」「こうした目標を立てて、こんなプロセスで、進めてほしい」と明確に伝えますし、部下もそれに対して、「こういうふうにこの仕事を進めれば、こんな形で評価される」ということが、はっきりわかる。だからこそ、迷わずに動くことができるのです。

管理職の立場にある人は最低限、「こんな期待をしている」と、メンバーに求める期待や役割を、伝えてあげるべきでしょう。

疲れる組織：何かあったら誰かのせいにしようとする
疲れない組織：失敗を開示して、組織として次につなげられる

建設的でないコミュニケーションの一つとして「責任ばかり追及する」というものがあります。

何かあると、「〇〇のせいだ、自分は関係ない」と言って、根本的な原因を考えない。これだと、毎回「誰かのせい」にするだけで、組織も仕事の仕方も次の段階に進めません。

ここでご紹介したいのは、メルカリの例です。

僕はメルカリのテックカンファレンスのサポートをしていて、その反省会にも同席していました。そこで発見したのは、**「問題を人のせいにしない」**ということです。

参加者の方は「自分はどこがうまくできた」「どこがうまくできなかった」と、自己開示して話されていました。たとえば「ステージに立って緊張した」とか「この話

はちょっと滑った」など。

そして、ファシリテーターの人は「だったら、今度はこういう仕組みにしましょう」などと、失敗をプラスの方向に向けて話をはじめるのです。

問題があっても、それを建設的にみんなでレビューして、次に同じ問題が起こらないような仕組みをつくればいい。みんながそういう考え方で動いているので、自分の違和感も開示できますし、それを発展的に組織のために活かしてくれるので、みんなすごくいきいきと働いているのです。

ビジネスモデルがしっかりしているという前提はあるのかもしれませんが、自己開示と建設的な話し合いで、仕事を前に進めていくという点は、見習うべきことだと思います。

まずは「飲み」に行くことからはじめる

企業に勤めている方から「どうやったら信頼し合えるチームをつくれるんでしょうか？」と聞かれることが多いのですが、そういう時に僕は必ず「最近、チームのメンバーと飲みにいったのはいつですか？」と聞き返すことにしています。

たいていの場合、「忙しくて行っていません」「いつだったかな……」という返事になります。

そして僕は言います。

「僕のワークショップを受けるよりも、まずみんなで飲みにいってください。そのほうが安上がりですよ」と。

社内活性化のためにと外部の講師を迎えて「チームビルディング」などといった高額な研修を行なう会社も多いですが、それよりもまずは、仲間と一緒に飲む機会をつくるほうが安価なうえ、効果的です。

今では死語になりつつありますが、昔の日本企業では「飲みニケーション」が盛んに行なわれていました。実は、ああいう飲みニケーションにはプラスの効果も大きかったのです。アルコールが入れば、みんな気が緩んで、上司や部下の間でも本音が言えていました。ある程度の自己開示もできていたのだと思います。

「昔はよかった！」と言いたいわけではありません。昔の日本企業で、僕が先に説明した役割分担ができていたというわけではないでしょう。課長、部長になっても、満足なマネジメントができていなかった人も多かったはずです。

それでも、仕事の仲間とコミュニケーションを頻繁にとっていたおかげで、信頼関係が築かれていたのです。

今はどうかといえば、仕事での役割分担が明確でないという日本企業の欠点はそのままで、職場のコミュニケーション機会だけが消滅してしまったように思います。誰も仲間に本音を言えないような職場では、心理的安全性を確保できず、不安はなくなりません。

夜の時間をあけられなかったり、アルコールが好きでない人が多いなら、ランチを一緒にとったり、カフェでお茶をするのもよいでしょう。
要するに、リラックスできる場所で、メンバーと飲食をともにする機会をつくることが肝心です。

僕も、グーグルにいた時から1週間に1回くらいは、職場の誰かと飲みにいったり、食事をとるように意識しています。カフェテリアが社内にありますから、ご飯はすぐに一緒に行けますし、週1で行なっていたメンバーとのミーティングも相手の希望があれば、カフェでお茶しながらしたり、バーで飲みながらやったりと、相手の希望に合わせていました。金曜日のＴＧＩＦという全社ミーティングを利用して、メンバーの近況を話すチームもあったようです。

今の僕がいる会社はそんなに大人数の会社ではないですから、1か月に1回は職場の全員が集まって、飲むようにしています。
みんながリラックスして発言できる状況をつくれば、オフィスで話しづらかったことも話せるので、相手の事情もわかりますし、みんなが「ここでは安心して発言ができる」と感じてくれれば、ストレスのない職場に近づきます。

今さら飲み会と言われても何を話していいかわからない人へ

とはいえ、いざ飲み会と言われても、何を話していいかわからないし、当たり障りのない話で終わるのではないかと考える方もいるでしょう。今まで話もしたことがない上司に誘われれば、相手も緊張しますね。

それなら、まず自分が自己開示していけばいいのではないでしょうか。

たとえば、「今日ちょっとお昼一緒に食べませんか」と声をかけて、「もう3年一緒に働いていて今さらなんですけど、あんまり個人的な話をしたことがないですね」とか、「時々疲れていてうまく対応できなくて申し訳ないんだけど、実は、子どもが5人いて、休日は僕が5人を外に連れ出して遊んであげるんだけど、年のせいか疲れちゃってね。たまに無表情なのは、みんなのせいじゃなくて、1日子どもに振り回されて、疲れ切ってるんだよね」とか、そんなことを伝えればいいと思います。

そんな話をすれば、「課長も大変ですね」とか、「大変な時は気をつかわなくていいですよ」と、8~9割の人たちが言ってくれるでしょう。

また、自分からそういう話をすれば、相手は次は自分も言っていいんだと感じてくれるでしょう。すると、今までは見えなかった相手の事情がわかり、「最近、仕事が遅かったのは、こんな理由だったんだ」と気づくこともあるはずです。すると、より適切なサポートもできるでしょう。

相手からしても、自分が抱えている問題を誰かが知っているというだけで、安心感が生まれます。

自分が部下である場合は、「課長の夢って何ですか」などと聞いてみてもいいでしょう。

聞かれる機会も少なくなっていると思いますので、喜んで話してくれるかもしれませんし、今後の会社の方向をいち早くつかめたりするかもしれません。

また、「部長は小さいころどんな子だったんですか」といった話題も、相手を理解するのに役立つでしょう。

上手に自己開示するための質問力

相手にうまく自己開示してもらうには、「いい質問」をすることが欠かせません。

質問には、「時間をムダにする質問」と「人生を変える質問」の2種類があります。

自己開示してもらうには、後者の質問をうまく積み重ねていくことが欠かせません。

たとえば、外部の仕事相手が自分の提案をまったく聞いてくれないと悩んでいる人がいたら、「つまり相手にもっと自分の提案を尊重してほしいということですね？」「その提案をすることで、仕事や相手との関係がどうなると思いますか？」「提案を受け入れてもらうために何か試しましたか？」「もししていないのなら、今、何ができますか？」と建設的に話していく。最終的には相手に「◯◯してください」と具体的に依頼できる内容が見えてくるまで質問を繰り返します。

つまり、質問された相手が〝自分はどんな信念や価値観に基づいて動いていて、どんな状態を理想としているか〟、自分自身が気づく質問が大事なのです。

対して「時間をムダにする質問」とは、往々にしてファクトベースで「正しい答え」

を求めます。たとえば、「朝ごはん何食べた」とか、「週末は何をしているの」で終わってしまうというようなものです。

相手に自己開示させることが上手な人は、会話を通じて、相手にギフトを渡しています。相手は質問に答えようとすることで、「自分は何をしようとしていて、これから何をしたらいいのか」に気づけますから。「いい質問」をする人は信頼できますし、また相談しようと思えます。

「仕事が忙しくて、飲みに行く暇がない」

そう言いたくなる気持ちはよくわかりますが、因果関係は逆です。

コミュニケーションをとらないから、心理的安全性を確保できないのです。するとあらゆる不安や不信感が募って仕事に集中できなくなり、生産性が上がらないから、いつまでも忙しいままなのです。

まずはお菓子のお裾(すそ)分けから

自分から飲み会を開催するのは敷居が高いと感じるなら、隣の席にいる同僚と一緒に食事に行くだけでもいいのです。それも難しいというのなら、コンビニで買ってきたお菓子や、休暇のお土産をお裾分けするのだっていいでしょう。

ポイントは、些細なことであっても「自分から動く」ということです。飲み会や食事にしても誘われるのを待っているのではなく、自分から誘う。自分からお裾分けする。自分が行ってみたいと思う店があったら、ついでに職場の仲間を誘う。それくらいの心持ちでいるのがよいでしょう。

「疲れる」組織は、管理職の問題？

　ここまで疲れる組織とそうでない組織の話をしてきましたが、日本は管理職のマネジメントのまずさが、「疲れる組織」「生産性の低い組織」を生み出しているように思います。

　先に話しましたが、グーグルをはじめ、僕がこれまで勤めたグローバル企業では、役割分担が非常に明確でした。

　グローバル企業において、上司、つまりマネージャーの果たすべきこととは「マネジメント」です。

　昇進してマネージャーになった、あるいはマネージャーとして採用された人は、「あなたの仕事はマネジメントです」と告げられます。もし、それまでマネージャーをやった経験がなかったのであれば、マネジメントの手法についてしっかりと研修を受けて学ぶようになっています。

先ほど紹介した「re:Work」のサイトは、グーグルがマネージャーのトレーニングに使っている資料をベースに作られており、グーグル以外の様々な会社のケーススタディも豊富に掲載されています。

たとえば、

- チームのゴール設定
- 人材採用のやり方
- 人材開発
- マネージャーの育成
- データに基づいた人事分析のやり方

といったことが記載されており、新任マネージャーが学ぶことができます。

一方、日本企業ではどうか。

ある社員が昇進して、係長や課長になったとしましょう。

「マネージャー昇進、おめでとう！」

そう言われた社員は、そのまま自分のデスクに戻って今まで通りの仕事を続けようとします。

そうではなくて、上司の立場、マネージャーになったら根本的に仕事の内容を変えなければなりません。

マネージャーになった社員がすべきは、チームを集めて目標設定を行ない、部下となったメンバー一人ひとりとじっくり話し合うことなのです。

いかに部下をマネジメントしたかによって、マネージャーの評価は決まります。本来マネジメントが下手なマネージャーは評価が下がりますし、あまりにも出来が悪ければマネジメントの担当から外されるべきです。

僕は、たまにチームメンバーの立場の人からの愚痴も聞きますが、部下を振り回して疲れさせる上司なんて、ありえません！　管理職なのにマネジメントができないというのは会社に損害を与えているということになります。

最低限管理職にしていただきたいこと、またその次に、運悪くマネジメントがうまくない管理職にあたった時に、どうにかやっていく方法をこれから紹介します。

週に1回個別にミーティングする

『世界一速く結果を出す人は、なぜメールを使わないのか』でもお話ししましたが、僕はグーグルにいた時、毎週1日、一人1時間ずつ時間をとって、チームメンバーと1対1のミーティング（1on1ミーティング）を行なっていました。

話す内容は、基本的にはチームメンバーにお任せです。

資料作成についてのアドバイスを求める人もいれば、キャリアの話をする人もいますし、他愛ない話で終わる人もいます。

最低限聞いておくのは、

- **仕事の進捗**
- **今週何をしたいと思っているか**
- **その仕事が予定通り終わっていない場合は、その理由**

ということくらいでしょうか。

そんなことをしたら1日つぶれてしまうという管理職の方もいるかもしれません

が、週に1回、その日のために準備して話をしていれば、他の日にメンバーから相談されることは、少なくなります。それこそ、自分のすべき仕事に集中する時間が増えるわけです。

一方、メンバーのほうでも、週に1時間、平等に自分の話を何でも聞いてくれる日があり、その時にサポートを受けることができるのであれば、他の日はより集中して仕事に取り組めます。

時間をとるように見えて、それぞれ「まとまった時間」を確保しながら、安心して仕事を進めることができるのです。

僕から言わせれば、
「何で早く言わないんだ」
「そんなこともできないのか」
なんて言葉が上司から出てくるのは、マネジメントができていない証拠です。でも、それは能力の問題ではなく、週1で1対1で話す機会をつくればいいだけのことです。

1on1で確認したいポイントをあげておきます。

・プロセスを聞く

成果が重要といっても、それは成果さえ出せば、時間をいくらかけてもいいということではありません。

1on1の中で、プロセスのサポートをすべきでしょう。

・何をいつまでどのくらいのクオリティで出すか

・結果はどのくらいを見込むのか

ということを話し合い、毎週、進行状態を確認しながら、部下のボトルネックをクリアしていくことが、本来のマネージャーの役割です。

その役割を果たさないまま、結果を出せとか、残業を減らせと言われても、メンバーは困るわけです。

一緒に問題を解決してあげることで、信頼感は醸成されます。いいマネージャーがいれば、メンバーは成長できるのです。成長できれば、マネージャーを信頼して接してくれるようになります。

・プロセスのサポートをする

「ずっと残業しているメンバーがいる」

「『何でそんなに簡単な仕事ができないんだ』と、言ったことがある」

先ほど、こんなことはマネジメントの責任であると伝えましたが、これもコミュニケーションの問題です。

少し話せば、「どんな仕事ができて」「どんな仕事はできなくて」「今どこで壁にぶつかっている」ということがわかるのに、それをしていないんです。

よくあるのが、大雑把に仕事を振っていること。

たとえば、「高校生に受けそうなプロモーションについて調べて」と言われたとします。

でも、そういわれても、たいていはどうしたらいいかわかりません。片っ端からプロモーションについて調べて、それこそ無駄な残業が増えてしまいます。

そんな時、「どうしたら、いいですか？」と聞くことができて、上司も「じゃあここで調べてみよう」「このウェブサイトを見てみたら」「この資料が参考になるよ」と教えてくれたら、無駄な時間もなくなり、信頼関係も深まります。

それなのに、とにかく仕事を振るという人が多すぎる気がします。

部下は「はい、わかりました」といったところで、自分の中でパニック状態。自分ができないことがバレないように隠そうとしてしまいます。

だからこそ、1on1では、進捗通り仕事が進んでいるのか、進んでないのならなぜ進んでいないのか、相談にのってあげてほしいのです。

普段から「わからない」ことが質問でき、すぐにフィードバックをくれる環境であれば、方向転換もすぐにできます。「まだ、終わらないの?」ということもなくなるでしょう。

・仕事以外の話もする

毎週毎週やっていると、仕事以外の話も出てきます。

「最近、顔色が優れないようですけど、何かあったんですか」と聞いたら、「実は、家族が入院していて」といったことを言われることもあります。

仕事の上では、家族やプライベートの話はしてはいけないと考えている方もいるかもしれませんが、メンバーはみんなそれぞれの人生を送りながら、仕事もしているわけです。

仕事やキャリアの相談から、家族の話まで、様々な話ができることで信頼関係も生まれてきます。

「建設的なコミュニケーション」の1歩目は、質問することから

疲れを倍増する上司の代表的な言葉として、「そんなこともできないの？」「前にも言ったよね？」がありました。

こういうことを上司が言ってしまうのはマネジメントのスキルが低いからです。

これを改善するのは簡単で、建設的なコミュニケーションを行なうこと。

つまり、**質問することと、状況を明確にすること**です。

「そんなこともできないの？」ではなく、「どこで躓(つまず)いているの？」、「前にも言ったよね？」ではなく、「前の時と何が違うの？」、と、まずは性善説で聞いてあげましょう。

また、相談された時も、自分の経験を話し続けるのではなく、**「どうしたいの？」と相手が何をしようとしているかをまずは尋ねてみましょう。**

すると、メンバーにとっては一緒に課題を解決してくれる管理職として信頼感が醸成されますし、しっかり説明することで、次は自分で考えて対応してくれるかもしれません。


上司と部下の間で、普段からコミュニケーションがとれていないと、上司は「つべこべ言わずにやれ！」と暴言を吐くかもしれません。部下も「何でこんな仕事しなきゃいけないんだよ」と毒づくかもしれません。

しかし、きちんと相手に対して「思いやり」を感じていれば、質問に対して誠実に答えようとするでしょう。

これこそが建設的なコミュニケーションです。

暗い顔をした日本のマネージャー

以前、僕は大手企業からの依頼を受けて、「働き方改革」についてワークショップを開催したことがあります。

僕がどうやったら楽しく、疲れずに働けるかを説明するにつれ、若手社員や経営陣の表情はすごく明るくなっていきました。ところが、最初から最後まで暗い顔をしたグループがいました。

それが中間管理職、マネージャーでした。

彼らがあまりにも暗い顔をしているものだから、思わず僕も「部下と接する時は、もっと明るい表情をしないとダメですよ！」と言ってしまいました。

「何でそんな暗い顔をしているんですか？」と聞くと、彼らは「忙しくて、疲れているからです」と答えるのですが、「どうして忙しいのですか？」と聞いても、返事がありません。

要するに、彼らは「プレイングマネージャー」で、部下たちと同じように現場で作業に追われており、マネジメントという自分の仕事にまで、時間がとれない、ということだったのです。肩書きがついている人たちが集まる会議に出て、戻ってきたらまた現場の作業をする。メンバーから何か質問があれば、それに対応する。振り回されているのは、中間管理職も同じなのかもしれません。

本来マネジメントとは、「いかに皆でアウトプットを出すか」を考えることです。

目標を決めて、そのためのプロセスを決める。そして、部下がそのプロセスを適切にこなせるように管理するのがマネージャーです。

上司による部下へのハラスメントは、欧米よりも日本企業のほうが圧倒的に多く、非常に深刻な状況にあります。マネージャーの責任は多方面にわたるし、状況としては上からも下からも振り回されやすい。確かに、中間管理職の方はつらいと思います。実際、うつ病になる管理職も多いです。

そうした辛さもわかるのですが、「１ｏｎ１」など、先にメンバーの育成に力を注ぐことで、信頼感ができてチームを以前より楽に回すことができますし、自分自身の学びにもつながります。

何が忙しいのだかわからないけれどとにかく忙しい、といった方も多いと思うのですが、まずは、ここまで述べてきたことから、できることを一つでもはじめていただければと思います。

「お荷物」と感じられる上司にあたったら……

管理職ではないメンバーの方から見たら、「きちんと話を聞いてくれる上司なんて、どこにも存在しない」くらいのことを思っている方もいるでしょう。

でも、「そんなこともできないの？」などといった言葉が上司から出てくる時は、上司自身もコミュニケーションがとれないことにストレスを感じていることの現れでもあります。

コミュニケーションをとりやすい人間関係をつくった上で、自分からきちんと聞き返してみましょう。

違和感についてきちんと質問することで、建設的な会話ができるようにします。

Manage your manager

海外ではよく「manage your manager」という言葉が使われます。

文字通り、管理職をマネジメントする、ということです。

「管理職の役割」を果たしていない上司に対しては、こちらからそう動いてくれるように質問したり、依頼したりして、必要な役割を行なってもらうようにするのです。

たとえば、1on1ができていなければ、毎週、毎週、上司にきちんと時間をとってもらい、上司が何を求めているのか、自分に何ができて何ができないのか、お互いに言語化していくなど。

それで成果が出れば、上司のほうでも、進んでメンバーと1on1をはじめてくれるかもしれません。

なお、このプロセスには忍耐と時間が必要ですし、最初のうちはうまく意思疎通できなくてストレスも感じるでしょう。だからこそ、職場以外でも機会を設けて、人間同士のコミュニケーションを交わすことが大事なのです。

図4-3　建設的な質問の例

管理職向け

×
「そんなこともできないの？」
「前にも言ったよね」

○
「何があったの？」
「前と何か違うことがあった？」

メンバー向け

「前にも言ったよね」と言われた

⟶「前おっしゃったのはこういうことでしょうか？」

「こんなこともわからないの？」と言われた

⟶「ここがわからないので、具体的に教えてください」
⟶「〇〇さんなら、こんなときどうしますか？」

「これお願い」と丸投げされた

⟶「いつまでにやればいいですか？」
⟶「具体的になぜそれが必要ですか？」
⟶「こういうやり方でいいですか？」

今説明したプロセスは、上司が考えるべきタスクを部下が切り出してあげて、「私にこれを教えてください」と示してあげるということです。その計画を立ててください」と示してあげるということです。**部下のほうで、上司のやるべき仕事を発注している**といってもよいでしょう。上司が役割を果たしていないのであれば、部下にも上司に仕事させる責任があるのです。大雑把に丸投げされるのであれば、「いつまでにやればいいですか？」「具体的になぜそれが必要ですか？」と聞いてあげましょう。

AとBのタスクをやっているのに、Cを丸投げされた時に、「AとBとCのどれが、優先度が高いですか？」「どうしても時間が足りません。明日まで延ばせませんか？」とコミュニケーションをとることができれば、建設的な関係性を構築できます。

「こんなこともできないの？」と言われたら、「では、私がそれをできるようになるためのプロセスを設定してください」と言えばいいでしょう。ただストレートに伝えると角が立ちますから、「○○さんだったら、こんな時はどうしますか？」「きちんと方法を知りたいので、時間をとって教えてください」と言えばいいでしょう。

さらに、「どうしましょうか？」と尋ねるよりも、いくつかのプランを用意して、選んでもらうほうが話も早いと思います。

円滑なコミュニケーションのためにも記録は重要

円滑にコミュニケーションを進めるためにも、記録は重要です。

「前にも言ったよね？」と頻繁に言う上司は、言いっぱなしになっていて、仕事の進捗状況をうまく管理できていない可能性があります。

それならば、きちんと記録をつけて仕事を可視化することで、お互いの負担を減らすことができます。

会議の内容や上司に言われたことはメモをとる。自分が行なった仕事の内容についても、きちんと記録して後から説明できるようにする。

やるべき内容、やったことが記録されていれば、それを元にコミュニケーションを進めやすくなります。


「前回、このように言われたので、今週はこういう作業を行ないました。来週はこの作業を行なう予定ですが、これで問題ありませんか？」

「そちらよりも、こちらを優先して作業を進めてほしい」

記録をベースにすることで、話がスムーズに進むことがわかります。

人間の脳は、大量の情報を記憶したり、曖昧な状況を曖昧なままにしておいたりすることに向いていません。覚えておかなければというストレスを感じると意識がそちらに向いてしまいますし、曖昧なことがあると、それがどうなるかが気になり不安になってしまいます。

情報をきちんと記録して共有することにより、脳への負担が減り、疲れにくくなるのです。

グーグルにいた時、僕は共通のグーグルドキュメントで、内容をお互いに書き込んでいくことで、内容のすり合わせをしながら記録をとっていました。双方で確認ができますし、一つの書類ですむので、忙しい方でも手軽にできると思います。

職場の「疲れるコミュニケーション」に巻き込まれないために

競争しない

自分を疲れさせないためには、競争をそんなに大きなこととして、とらえないことも一つの方法です。

今の僕は、自分のビジネスに競合も競争もないと感じています。むしろそれについては、考えていないのです。

実際には、有名なコンサルタントなど、ライバルになりうる人はたくさんいるのですが、競争しようとも思いません。

それよりも、**「今の自分が敵」**という考え方のほうがしっくりきます。

そう考える習慣を持っていると、話しながら自分の意見を疑ってみたり、自分がどんな前提・どんな価値観で話をしているのかなど、そのつど自然に振り返っていくようになります。

いわば、自分に鏡を見せていくような感覚です。

競争社会ではありますが、それればかり頭にあると、自分の軸が振り回されてしまいます。

であれば、自分自身を敵とみて、自分が考えていることが実現できているのか、PDCAを回していったほうが、より理想の自分に近づけるように思います。

「攻撃」に集中するのではなく、全体の流れをとらえる

疲れるコミュニケーションの大きな要因として「攻撃」があります。

僕は日本に来てから合気道をたしなむようになりました。

合気道の練習を重ねるうち、「あ、これはコミュニケーションなんだ」「相手を含め

てマインドフルネスを高めることなんだ」と気がつきました。合気道では、「攻撃に集中するな」と注意されますが、これが実は重要なものの見方なのです。

たとえば、あなたが誰かと組み手をすることになったとしましょう。あなたは「いったいどんな攻撃をされるんだろう」とガチガチに緊張している。そうしているところへ、相手がパンチを打ってくる。あなたは「パンチが来た！　避けなきゃ！」と大慌てです。

こんなことをしていてはとても間に合わず、思い切り殴られてしまうことはおわかりだと思います。相手の一挙手一投足に意識を集中していては、攻撃を避けようとするだけで精一杯。パンチの後に蹴りがきて、肘打ちがきて……とやられ放題になってしまうでしょう。

それでは、どうすればいいのか。

第1章のピョートル版マインドフルネス（47ページ）では周囲を「周辺視野」でとらえるテクニックを紹介しましたが、同じように、相手や空間を含め、周りを全体的にとらえるようにするのです。

相手の体全体を周辺視野でとらえることで、次にどんな攻撃をしようとしているのかその気配が感じられるようになってきます。相手の体だけでなく、周りの環境も目に入ってくれば、精度はさらに上がります。

試合場の真ん中にいるのか、壁際にいるのか。屋外だったとしたら、足下に何があるのか。

特定の一点に集中するのでなく、周りの状況を全体として感じる。そうすることで、自分が次にとれる選択肢も増えてきます。相手がパンチ、蹴りを出してきそうなら、じゃあ自分はこうかわして、こうやって反撃に出よう。頭で考えるのではなく、体がそうやって自然に動くようになってきます

会社でも同じで、周りの状況を感じつつ、自分の状態を把握することで、相手の発信を優しく受け取り、優しく流したり、返したりできるようになります。

感情的に「できません!」というのではなく、「課長、その仕事の優先順位を教えてもらえますか?」とか、「明日まで待ってもらえるのであれば、もっとクオリティを上げられますよ」というように返せるのです。

自分の感じた違和感を無視しない

人生において、仕事に限らず人から依頼されることはたくさんあるはずです。何かモヤモヤして不満があるのだけれど、何となく「はい」と言って相手の言うことを聞いてしまう。

こういうことはありませんか？

この自分が感じた、モヤモヤした違和感を無視しないでください。

違和感を感じるということは、自分の価値観や信念と、相手の要望がうまく合っていないということなのです。

違和感を無視したまま、相手とかかわったり、仕事を受けてしまうと、望ましくない関係のループにとらわれてしまうことになります。

「どうして自分は違和感を感じるのだろう」

「そうか、今言いつけられた仕事を慌ててこなしたとしても、もらえるお金が増えるわけでもないし、顧客が喜ぶわけでもないからだ」

違和感の存在を認知して、違和感の根本にあるものから目をそらさないようにしましょう。違和感の根本にある自分の価値観を見つけてみてください。

組織は自分で変えられる

組織の話をしてきましたが、自分とは関係のないことと思っていないでしょうか。

「自分は管理職でもないのだから、関係がない」

そう考えている方もいるかもしれませんが、それはプロフェッショナルの責任を果たしていないということでもあります。

実際、どんな組織でもその「働き方」に影響を与えるという意味では、誰でもリーダーシップがとれるし、みんなに責任があるのです。

たとえば、グーグルであれば、周囲の人たちにポジティブな影響を与える、というのは、新入社員を含めて当然のことです。周りの人たちとのちゃんとしたコミュニケーション、人間関係を構築して、肯定的な影響を与えるのはどの社員の責任でもあるのです（このあたりは『0秒リーダーシップ』（すばる舎）に詳しく書いていますので、ご参考ください）。

声がけで変える

ある大手企業の若手の女性社員の話です。

その人はハングリー精神があって、会社をよくしようと、上司に様々な改善提案をしていました。でも、上司に何と言われたかと言うと、「新しいことだからこそやめてくれ」。

要は、「新しいことというのは、誰もやったことのないことだから前例がない。やめてくれ」と。

僕は「前例がないことをやめてくれ」とはどういう意味だろうと思いました。「同じことを続けていてくれ」なんて、「お前は奴隷だ」ということと一緒です。

確かに、こんな上司が自分の上司だと、うんざりするし、打つ手もないように思えてきます。

でも、最終的に変えられるか変えられないかはわからないのですが、**働きかけるこ**

とはできると思うのです。

そもそも、日本の大手企業の問題の多くは、上司と部下の間に人間関係がないことから起こっています。「あなたを信頼していて、尊重している。あなたに興味がある。あなたの成功をサポートしたい」という関係がない上に、役割分担も曖昧です。だから、上司に相談するべきか、しないほうがいいか、ということから悩まなくてはならない。これでは、当然ストレスが高くなります。

でも、こういう「忖度」は推測による妄想みたいなもので、自分と組織を疲れさせるだけです。

まずは、聞いてみること。「新しいことはできない」と言われたら、「なぜなのか？」「どの程度なら実行してもいいのか」など、もっと聞いてみることもできると思います。

最終的なアウトプットにもっと責任を持とう

確かに、日本ではマネジメントが機能していないと感じることもたびたびあります。

１on１もコミュニケーションもなくて、何を期待してるのか上司がちゃんと伝えなくて、ゴール設定も目標もなしで働いて……、それでは成果どころか、疲れて当然の悪循環に陥ってしまいます。

それでも、自分から管理職に働きかけることはできます。

たとえば、課長に「私は今の仕事を2年間続けて、こんな結果を出しました。次のレベルに行くには何が必要ですか？　どんなゴール設定をすればいいですか」と聞いてみることはできるでしょう。

「今、時間がない」などと言われるかもしれませんが、何回かお願いして時間をつくってもらったり、「部長に聞いたほうがよいでしょうか」とか「具体的なことがわからなければ、どんな方向を目指せばいいのか、課長の思うところをおうかがいしてもいいでしょうか？」などと、自分が積極的にリードすればいい。もしくは、「私はこんなことがしたいんです」と積極的にやりたいことを伝えておくとか。

働きかけもしないで、ただ待っているだけで、いつしかあきらめて転職する。そんなことではまた同じことを繰り返すのではないでしょうか。

ありがちなのは、会社をやめる時に、「うちの会社はこうでこうでこうだからやめます。次ももう決まりました」と伝えるケース。「言ってもらえばよかったのに」ということもあるのですから、「やめます」と言う前に「2〜3か月以内に、自分が次のレベルまで行けるようなキャリアパスを一緒につくっていただかないとやめます」などと言っておくほうがよほど建設的だと思うのです。

「マネージャーが悪いからやめた」という方は多いですが、それはマネージャーの問題だけではなく、自分自身の責任も果たせていないということです。

大方の人は、**「目の前の仕事を片付ける」ことに責任感を持ちすぎて、マネジメントをどう動かすかという点も含めて、最終的にどういうアウトプットを出すのかについて関心がないように見えます。**しかし、本来は、その部分にこそ責任感を持つべきなのです。

「もう何でみんな愚痴ばかり言って、自分の人生の責任をとらないの！」

つい僕はそう叫びたくなってしまいます。

上司をうまく動かしていく、それが無理でも、自分自身が今できることをやっていく。

怒られれば怒られたで、いいじゃないですか。「何で怒られたのか」がわかれば、次に進んでいけるのですから。

まとめ

- □「疲れない組織」は、自分でつくれる
- □「わからない」ことを、「わからない」と言える人が「できる人」
- □役割と期待を明確にする
- □「飲み会」「食事会」「1on1ミーティング」を効果的に使おう
- □建設的なコミュニケーションを意識する
- □ダメな上司に当たったら、自分が上司をうまく使うつもりで

第 5 章

疲れない働き方

意義を見つける

働き方が変わった

日本の企業は、クリエイティブエコノミーが進展していることへの理解が低く、社員の危機感が薄いように思います。

（クリエイティブエコノミー＝アイデアや創造性を触発させてニーズと供給を生み出す新しい経済モデル）

20世紀の半ば以降、世界は急速にナレッジエコノミー（知識経済）へと移行し、ホワイトカラー労働者には高度な専門性が求められるようになりました。

けれど、コンピュータとインターネットの進歩と普及によって、専門的な知識や情報が必要な仕事ですらアウトソーシングで事足りるようになっています。定型的な事務作業はコンピュータによって自動化されたり、人件費の安い地域へ外注されるようになっているのです。

現在は、ナレッジエコノミーからクリエイティブエコノミーへの移行期に当たります。

ナレッジエコノミーのホワイトカラーは、定型的なアウトプットを出していれば十分でしたが、クリエイティブエコノミーではそういうわけにいきません。これまでにない新しい価値を生み出していかないと、もはや生き残っていくことはできないのです。

イノベーションによって新しい価値を生み出すのが、クリエイティブエコノミーの本質といえます。こうした時代に生き残れるのは、ゼロから何かを生み出せる人材や企業なのです。

新しい価値は、「情報」と「分析」、それに「直感」が加わることで生まれます。これまでと同じ仕事をいくら長時間していても、新しい価値は生まれません。

先述したように、労働生産性とは時間当たりにどれだけの付加価値を生み出せたかですから、長時間労働が常態化している企業の生産性が低くなるのも当然です。

新しい価値を生み出すために必要なのは、**情熱であり、創造性です**。

皆さんは、ヘトヘトに疲れるまで働いているのに成果が出ないと思っているかもしれませんが、逆です。

疲れているから、あるいは疲れていていてもできるような仕事しかしていないから、情熱も創造性もそがれてしまい、成果が出ないのです。

クリエイティブエコノミー時代の働き方は、製造業より、むしろかつての農業に近いかもしれません。ただし、重要なのは天気ではなく、自分のエネルギー。

自分のエネルギーを上手に高めることで、より高い付加価値を生み出すことが求められています。

幸せに働き続けるための5段階

さて、現在日本では、「働き方改革」といって、テレワークや、プレミアムフライデーといった時短策を掲げていますが、大事なのは、そうした制度ではありません。

人が幸せに働き続けるには、次の5つの段階が必要です。

1　自己認識をする

2　自己開示をする

3 自己表現をする
4 自己実現をする
5 自己効力感を上げる

1は、自分の本当の価値観だったり、社会に対してこんなインパクトを与えたい、ということを知ること。

2は、自分が思い描いた未来や理想を手に入れるために「これがほしい」と相手にきちんと伝えること。

これができると、自然と自己表現・自己実現が可能になっていきます。すると、自分の価値観に基づいた形で、周囲の人から評価され、自己効力感が上がります。自己効力感は、自信と言い換えてもいいでしょう。

仕事での「ギブ＆テイク」を考える

仕事で幸せになるためには、仕事を通してのギブ＆テイクのバランスを考えておくとよいでしょう。つまり、自分は仕事を通して何をもたらしたいのかとか、何を実現したいのかというミッションと、仕事通じて何を得たいのか、というギブ&テイクのバランスが必要になってきます。

たとえば、僕は、誰でも自己実現ができる世界をつくりたいと思っています。これがミッションであり、「ギブ」の面。その方法は、セミナーでも、テクノロジーでも、教育の機会でもいいのですが、その結果が見えることを大切にしています。

一方で、得たいことといえば、仕事を通して生まれる社会的なインパクトや、自分の成長です。こちらは「テイク」です。

この両方のギブ&テイクの好循環があればエネルギーが出ます。疲れていても、ぼーっとしていても、熱が出ていても、やりたいという気持ちになるのです。冒頭でも述べた「情熱」です。

たとえば、書籍の編集者が「仕事に役立つ本をいっぱい出したい」という価値観を持っていたとします。なぜ、その人が仕事に役立つ本を出したいのかというと、「本を読んで仕事に活かせれば、その人の人生も変わるかもしれない」「読んだ人の自己実現につながるかもしれない」という理由があったとします。それは本当に意味のある仕事です。

しかし、ただノルマがあって、「また本出さなきゃ」と追われているだけなら、自分の仕事の意義を感じられません。やっていても疲れるだけになってしまいます。

前者のような仕事をするためにも、ホワイトカラーワーカーは、自分の価値観、強み・弱みを知り、自己認識をするべきだと思います。自己認識をすれば、自分の悩みや喜びを自己開示して、自己表現するようになっていきます。そして、自己表現は自己実現につながります。たとえば、自分の価値観から生まれた仕事が認められたり、評価されて「すごい仕事ですね」と言われると幸せな気持ちになります。さらに、自己実現の経験があると、自己効力感が高まります。「自分はできる」という気持ちになって、さらに好循環に入れます（ただし、日本の、特に大手企業の働き方は、フィードバックやコーチングもないので自己認識がしづらいですし、心理的安全性がないので自己開示ができません。それについては再度第4章をぜひ参考にしてください）。

「軸」を見つけるには

しかしこの「ミッション」や「軸」「目標」にあたるものが、なかなか言えない方も多いようです。

率直に言うと、「20代後半で自分のことがわからない」のは問題です。どんな仕事が好きなのか、どんな食事が体によいか、どんな人たちと会ったほうがいいかということもわからない。そんなふうに自分を知らないと、様々な方向に引っ張られてしまいます。同調圧力というのでしょうか、「友達がみんな行くから私も行く」などという考えは典型だと思います。

会社でもそうです。言われたら「やります」と動く。それだけだとどうしても振り回されてしまい、疲れてやりがいもなくなっていきます。

先日もある起業家の方とお会いして、お話を聞いていたのですが、「あの人からこんなことを言われた」「この人はこうしたほうがいいと話している」などと、あちこちに振り回されていました。起業したばかりで、まだ軸が固まっていないのかもしれませんが、「簡単に人の都合で生きてはいけない」ということをアドバイスさせてもらいました。

では、具体的にどうしたらいいか。

まず、**過去の振り返り**をすることです。

自分の価値観だけでなく、自分がどんな未来を手に入れたいかは、過去をきちんと振り返らないと見えてきません。今日は何をしてどう感じたのか、今の仕事で楽しいことと、楽しくないことは何か、自分が「これは好きだ」と感じたことは何か、仕事を通して得たいことは何か、なぜそれが得たいのか、どんな仕事をした時に「いい仕事をした」と思えるのか、「いい仕事」をするために必要なのは何か、自分の頭の中で整理するのです。

するとだんだんと自分の方向性や価値観といったものが見えてきます。

自分に問いかけることは大事です。自分自身では気づかないかもしれませんが、人は毎日成長しています。それが1％程度の成長でも、それを認識できれば、1年で3800％に近い成長に積み上がります。その自分に自信を持てれば、未来も描けるようになります。「自分の成長なんて大したことない」と思っている皆さんは多いかもしれませんが、僕に言わせれば、魔法は一瞬ごとに起きていて、それが積み重なって今の自分ができているのです。大きな成長でなくてもいいのです。**小さな成長に気づいて、自分自身を認めてあげてください。**

器が小さな人は、何をもたらしたいのかも、何を得たいのかというのもわからないままの方が多いです。そして、小さな器にこだわってしまい、自分に制限を与えてしまうのです。

でも、しっかり自分の軸を持てば、つまらないこだわりがなくなってきますから、自由に理想を実現できるようになります。

図5－1で、自分の軸を見つけるために有効な質問を紹介しておきますので、お試しください。ちなみに、何かを変えるためにはサポーターが必要ですので、その質問も付記しておきます。

好き嫌いを試す

また、好き嫌いをどんどん試していくというのも皆さんにお勧めしています。何がやりたいかわからなければ、とにかく外に出て、いろいろやってみましょう。

Facebook や Peatix で気になるイベントがあれば、週末に参加していろんな人たちと話してみるとか、ちょっとでも「好きかも」と思ったら試してみる。そこで「これ面白いな」とワクワク感があれば、それに集中してみるのです。

直感的に好き嫌いはあると思いますが、それを実際に試していくというのは大切で

図5-1　自分の軸を見つける質問

■ Give：仕事を通してもたらしたいこと

【パッション】

・自分は仕事を通して世界に何をもたらしたいのか
・どんな世界が見たいのか
・どんな世界にできあがってほしいか

【ミッション】

・自分は何がしたいのか
・自分の野望は何か
・ミッションに活かせる自分の強みは何だろう

【コミュニティ】

・自分のサポーターは誰か

■ Take：仕事を通して得たいこと

・自分は仕事を通じて何が得たいか
・なぜ、それが大切なのか（3回深堀りして問いかける）
・何をもって仕事をしたといえるのだろう
・どうして今の仕事を選んだのだろう
・昨年と今年はどういうふうにつながっているのだろう
・昨年と今年はどういうふうに成長しているのだろう
・自分の強みは何だろう
・人にどんな支援をされたいか

す。趣味でも仕事でも、「これ好きそう」と思ったら早くかかわっていきましょう。

未経験のことにもチャレンジして世界を広げる

僕は自分がそれまで全然興味を持っていなかったことについても、機会があったらチャレンジするようにしています。

たとえば、ゲーム。僕はゲーム機というものにまったく興味がありませんでしたが、以前仕事のメンバーで集まって合宿をやった時、一人が任天堂のWiiを持ってきたのです。

部屋に大きなテレビがあったので、Wiiをつないで5人で遊んでみたのですが、これが想像以上に楽しい！

みんなでゲームをプレイしていると、「あはは」と笑い声が絶えません。笑うと脳内物質のオキシトシンが分泌され、ストレスが減って幸福感が高まります。そうなると、チームメンバー同士の関係もよくなってくる。Wiiを使ったチームビルディングのワークショップを開催できるんじゃないかというくらい僕は楽しみました。

グーグルでも、社内にビリヤードの台が置いてあったり、みんなで球技をやったりするのですが、これも同じ効果を狙ったものです。こういうことはわかっていたつもりだったのですが、Wii がここまで効果的だとは思いませんでした。

これまで自分が興味を持っていなかったことであっても、人に誘われたらまずはやってみましょう。最初の1、2回は楽しくないこともあるでしょうが、もしかしたらそこでちょっと頑張ったら楽しめるかもしれません。どうしても自分に合わなければ、無理をする必要はありませんが、まず試してみて損はないでしょう。

価値観と仕事を同じ軸に合わせる

ビジョンや軸をつくると何がいいかというと、自分から主体的に動けるということです。自分が主体的に動くことで、疲れるどころか、もっとエネルギッシュに動けるようになります。

英語で alignment という言葉があります。簡単に言うと「一致する」です。**自分がやりたいことと自分がやっていることが一致すれば、すごくいきいき働けるし、満足感・充実感も高くなります**。そうでなければ、やっぱり疲れるのです。

でも一致させるためには、自分の価値観を知っていなければなりません。

華々しい仕事でも、やってみたら自分に合わなくて体を壊す人だってやはりいるわけです。

遊びと仕事を混ぜてしまう

「一致させる」ためには、転職しなければと思う方もいるかもしれません。

それも一つのアイデアですが、もう少し、今いる場所で、一致を増やす方法を紹介していきましょう。

一つは**遊びと仕事を混ぜる**、ということです。

僕は週末に自宅で原稿のチェックをしたり、仕事関係者とミーティングしたりすることがよくあります。

「週末に働かないといけないなんて可哀想ですね！」とか、「趣味はないんですか？」と言われたりするのですが、僕はどうもこういう質問には違和感があります。

僕は平日だろうが週末だろうが、自分のやっていることを楽しんでいるのですから、仕事とそれ以外を明確に線引きするほうが不自然だと思っています。

あなたは自分のやっている仕事を苦行だと思っていませんか？

「ああ、忙しい忙しい、仕事に追われて大変だ。やっとプレミアムフライデーができた。今度の金曜日は早く帰って、家で趣味に没頭しよう。仕事のことはどうでもいい――」

この場合は仕事とは別に趣味があるからまだマシかもしれませんが、趣味がなくて、家にも帰りたくない、なおかつ仕事も辛くてやる気になれなかったりしたら最悪です。

これを真逆にできると、人生はとても楽しくなります。

自分が楽しくやっていることを、そのまま仕事としてやっていき、同時にお金がもらえたらこんなにいいことはありません。「仕事」と「遊び・趣味」の間に、明確な線引きをするのは何より「損」です。

仕事で結果を出して、楽しそうに働いている人を観察してみると、面白いことが見えてきます。こういう人たちは、「混ぜる」のが上手なのです。

下手な人は、「今日は夕食に美味しいものを食べるから、今は我慢して仕事をこなそう」と考える。

だけど上手な人は、「美味しいものを食べながら、面白い人たちと仕事のアイデアを話し合おう」と考える。

下手な人は、「最近運動不足だ、週末に何とかジムに行こう」。

上手な人は、「次の打ち合わせ場所まで、電車に乗っても歩いても同じくらいの所要時間か。だったら、今日は天気もいいから歩こう」。

自分のやりたいことがあったら、それを仕事と完全に切り分けてしまうのはもったいない。混ぜることで、やりたいこともっと楽しくなってくるのです。

僕は映画を観ていても、「あ、この比喩や表現は面白いな、今度悩んでいる友達に会ったら、こう言ってあげよう」とか、「今度のミーティングで、このストーリーを使ってみよう」と思いつくことがよくあります。

ラップも仕事に？

実は今、僕はラップに挑戦中です。

僕の友人に沼田尚志さんという方がいます。沼田さんは「シンビジ」など様々な分野の人々が交流するイベントを開催していますが、その中で「サラリーマンラップ」という催し物をやったことがあり、これが相当面白かったのです。

参加したサラリーマンが、自分のやっている仕事についてラップを歌う。音楽と仕事、交流会、それらが渾然一体となっているのはとても印象的でした。

僕は歌うのが苦手でカラオケもあまり好きではないのですが、ラップには俄然興味が湧いてきました。

即興でかっこいい歌詞を作るのはものすごく頭のトレーニングになりそうですし、何よりうまくできたら格好いい。僕のセミナーでいきなりラップをはじめたりしたら、面白いツカミになりそうです。

面白そうと感じたこと、興味を持ったこと、それらを「時間がないから」と言ってやらないのは本当にもったいない。時間がないなら、ほかのものと混ぜ合わせながら楽しめばいいのです。


少し極端な例も入れましたが、要は**今のあなたの仕事の中で「これおもしろいな」と思うことを増やす**。また、**自分の好きなことを仕事で活かせないか考えてみる**。そうして少しずつ軸を一致させていくことも可能です。

図5-2　Pronoia　Way

Play work（遊ぶようにはたらく）
一、冗談なしに真面目な話はしない。
一、ありがとうとごめんねをこまめに言う。
一、意見の対立はチャーミングに、積極的に。

Implement first
一、自分達が実践しないことは提案しない。
一、自分のKPIは自分で決める。
一、新しい失敗大歓迎。

Offer Unexpected
一、相手よりも3歩先読みして提案する。
一、相手を混乱させて新しい発想を生む。
一、ポリシーを持って断り、代案を示す。

私の会社であるプロノイア・グループでは、

「Play work／遊ぶようにはたらく」

「Implement first／前例をつくる」

「Offer unexpected／予期せぬことを提供する」

の3つの理念を掲げています。


この中の「Play work／遊ぶようにはたらく」については、「打ち合わせでは真面目な発言と同じくらい冗談を言う」「意見の対立はチャーミングに、積極的に」「疲れた時は疲れたと言っていい」といった行動指針をあげています。

自分たちが楽しく働くことを実践することで、周囲の人の「働くこと」に関する考え方や行動が変わればと思っています。

軸を持って建設的なわがままを言おう

今、世の中で活躍されている方のほとんどは、きちんと軸を持っているように見えます。少し変人じみた方もいますが、「何かやりたい」と思って主体的にプロジェクトを進めています。

その人たちが集中しているのは、実は「曲げない」ということでもあるように感じます。それだけ自分の価値観を大事にしながら、仕事を進めているのです。

それを実現するために大事なのは、**「建設的な根回し」**や**「建設的なわがまま」**です。

たとえば、根回しには悪い意味がありますが、実際には打ち合わせの前に準備したり、相手が何を考えているのかを知ってその会議をスムーズに進めるために大事なものです。いわば、建設的な根回しです。

「建設的なわがまま」も同じで、自分が大事に思っているものについては、しっかり守る。一方で、自分にとって適切ではない状況、たとえば職場の近くの席の人たちがあまり合わなくて生産性が下がるということなら、接している人たちを変えたほうがいいでしょう。

上司が自分を守ってくれない状況なら手を挙げて異動したほうがいいし、会社全体の問題なら、転職したほうがいいかもしれない。自分がちゃんと成長できる環境、パフォーマンスを発揮できる環境に行ったほうがいいでしょう。

日本の企業で成功している人たちを見ていると、建設的なわがままは通しつつ、表向きは「はいはい、部長」などとうまく接しています。したたかに生きているのです。

最初に自分を主張する時は、不安にかられることもあるでしょう。しかし、意外に周囲が協力的なことはよくあります。

たとえば、メルカリの小泉文明社長は、育休をとることを決めました。もちろん、社内では普段からリモートワークでも仕事ができるようオンラインツールを使っているし、必要な権限移譲をしてから休暇をとるとのことですが、社員はもちろん、取引先からも応援されているという話です。

やってみれば、意外と賛同してくれる人はいるかもしれません。

自分の時間単位の価値を上げる

最終的にあなたが目指すべきは、アウトプットの価値を上げることにあります。

今までの製造業的な世界では、みんなで同じ作業をして同じものをつくっていればよかったので、1週間に1回働くか、5時間働くか、15時間働くかによって、アウトプットが変わってきました。

でも、これからは、短い時間でアウトプットを大きくできる働き方を目指すべきです。

たとえば、転職するにしても、「よい転職」をすること。

僕は何度も転職していますが、よい転職は次の選択肢を増やします。給料だけでなく、入って新しいことを学べたり、肩書きがついたり、役割範囲が大きくなると、次につながりますので、よい転職といえます。

僕がモルガンスタンレーでグーグルにスカウトされた時のことです。お世話になっていた役員の一人にチャットで、連絡したのです。

「僕、スカウトされていて、おそらく辞めます」

相手は、こう聞いてきました。

「え、どこ行くの？」

「グーグル」

「なら行ったほうがいい」

要は「自分の市場価値が大きくなるから行ったほうがいい」ということです。


市場価値をつけていくと、マーケティングとブランディングだけで仕事が入ってくるようにもなります。僕も、独立して、本を出したり取材を受けたりする中で、自分から営業しなくても、仕事が入ってくるようになりました。マーケティングやブランディングだけで、仕事を回していけるのです。

先日ある金融機関からセミナーのオファーがあり、急な話だったから悩んでいたのですが、先方から、

「1時間是非いただきたいんです。この予算しかないのですがいかがですか？」

と出してもらった予算は、自分が考えていた単価の5倍でした。


自分の市場価値は、自分ではわからないものです。

正しくないことを効率よくやっても単価は上がりません。

そうではなく、信用残高を高めたり、市場価値を高めることで、指数関数的に自分を越えていけるような動きをすれば、単価も上がっていく。そうすると、長時間頑張らなくてもよくなるわけです。

単価を上げるには、いろいろな手法があります。

でも、一番大事なのは、自分のミッションをしっかり決めること。そのミッションが、多くの人にわかりやすく共感されると、次によい人脈、自分を手伝ってくれて自分を成長させてくれる人たちと出会うこともできます。

まずは自分のミッションを定めて、自由な働き方を求めてください。

まとめ

- □仕事でのＧｉｖｅ＆Ｔａｋｅを考える
- □軸を見つけるための質問をする
- □仕事と自分の価値観を合わせる
- □遊びと仕事を混ぜることを考える

おわりに
――「世界の中の日本の会社にいる自分」が働いていることの意味

最後に少し自分の話をしたいと思います。

僕が生まれた1970年代のポーランドは、共産主義国でした。共産主義はみんな平等というのが建前で、給料は横並び。僕の周りの人は、職人になって国有工場で働いて給料をもらうのが当たり前だと思っていました。ポーランドでも一時民主化運動が盛り上がりましたが、1981年12月には戒厳令が敷かれて経済封鎖され、国全体がとても貧しくなってしまったのです。スーパーにもほとんど食べ物はなく、置いてあるのはパンと酢だけ。そんな生活がずっと続きました。

1989年、僕が14歳の時、ベルリンの壁が崩壊し、鉄のカーテンが消滅しました。民主化されて資本主義の世の中になれば、頑張って働いただけ給料がもらえるに違いない。みんな豊かになれると期待していましたが、現実は違いました。

ドイツの企業がポーランドの国有工場をタダ同然で買収した上で閉鎖して、従業員を解雇。ポーランド国内でドイツ製品を売りさばくようになったため、工場に頼っていた僕の村の失業率は100％近くにまで跳ね上がりました。

僕には兄が2人いましたが、2人とも突然職を失いました。頭がよくてかっこよかった一番上の兄はアルコール依存症になり、最後は酔っ払って交通事故に遭い、死んでしまいました。

あれほどかっこよかった男の人生が、まったく無駄だったということを、僕はなかなか受け入れることができませんでした。

いきすぎた共産主義から、いきすぎた資本主義へ。もう社会システムは、信頼できない。自分で仕組みを作って、家族や社会を変えていくしかない。僕の根底には、その思いがあります。

その観点でいえば、日本はとても恵まれていると感じます。経済的にも豊かな状況がずっと続いていましたから、頑張っても頑張らなくても、十分にモノは手に入る。やりたいこと、ほしいものがなくても、親や先生、上司の言う通りやっていれば何とかなってしまう。

だから日本では、自己認識しなくても、自己開示しなくてもやっていけたのだと思います。

システムシンキングを持て

今、僕が日本に対して一番危惧しているのは、システムシンキングがないということです。

システムシンキングとは、自分と社会全体を関連づけて考えること。たとえば今、自分が「仕事がつまらない」と感じているなら、それはなぜ？どうしたら楽しくなるの？会社や社会がどうなればいいの？というふうに考える習慣がないのです。

自分の机の上のことと、目の前のタスクにしか関心がない方が多いように思います。

特に大企業の方の多くは、「世界の中の日本」という意識が非常に低い。

考えてもみてください。生産性が低いとか言われていても、日本のGDPはいまだに世界第3位で、世界経済に大きな影響を与えています。様々な国と取引があるグローバルな企業は、世界と繋がっているのです。

日本の大企業が倒産するかどうかの瀬戸際になると、「あの会社で働いている社員がかわいそう」とか、「日本の経済はこれからどうなるんだろう」といった声が上がります。

ですが、仮に日本の大企業が倒産したとしても、社員はどうということはありません。特に東京ならいくらでも働き口があって、コンビニなどではいつもスタッフを募集しています。日本で失業しても、飢え死にしてしまうなんてことはあまり考えられません。

ただし、それは日本での話です。日本以外の世界は、そんな甘い状況ではありません。中国やロシア、ブラジルなどでは、工場が一つしかなくて、住民のほとんどがそこで働いているという町がいくらでもあります。工場を運営する企業が撤退を決定すると、町の人々は一斉に失業者になってしまいます。5000人、1万人が一度に職を失うことだってざらにあります。

アメリカのデトロイトもそうです。自動車産業で栄えていましたが、工場がなくなったことで、ゴーストタウンのようになってしまいました。

世界と繋がっている企業は、その行動一つで世界中の人々の人生を変えてしまうのです。

そういう企業に勤めているにもかかわらず、「仕事が大変」と我が身を嘆く愚痴ばかり言っているサラリーマンを見ると、腹が立ちます。

企業が工場を撤退する、あるいはしないというのは、経営の問題ですが、同時に個人の問題でもあります。自分が高い生産性を発揮することで、世界の人々をもっと豊かにすることができるかもしれない。そういう意識を持たず、自分の目の前の作業のことしか考えられないというのはとても危険なことです。

僕はグーグルで働いていたことがありますが、こうしたグローバル企業の社員は全世界と繋がっているという意識が強いです。日本とアメリカ、あるいはインドや中国その他の国の人とも常に一緒に働いていますから、自分が世界と繋がっていることを否応なく意識させられます。

一方で、日本で働いている人は、目の前の仕事や自分のキャリアなど、自分を中心としたことばかり考えているように感じることがあります。

日本のあなたの働き方だって、世界とつながっているのです。

そして、小さなことからかもしれないけれど、あなたが世界に影響を及ぼすこともできるのです。

あなたが「疲れる」ことを忘れてしまうぐらいの働き方が見つけられるよう、期待しています。

なお本書を読んで興味を持ってくださった方は、facebook/Twitter @piotrgrzywacz や www.piotrgrzywacz.com をご覧いただけたら幸いです。是非一緒に、世界を変えていきましょう。また、本書でご紹介した4つのエネルギーについては『ニューエリート』（大和出版）、会議運営に関しては『日本人が知らない会議の鉄則（仮題）』（ダイヤモンド社）、メンタル面については、『世界基準の「メンタル」を作る（仮題）』（広済堂）などの出版を2018年に予定しています。よろしければお目通しいただけたら嬉しいです。

また、本書では、「疲れない働き方」のためには率直になんでも言い合える関係が職場にあることが大切だとお話ししました。でも、何から取り組んだらいいだろう？　いきなり本音を言い出すのも恥ずかしいし……、と思われる方もいるのではないかと思い、その最初の一歩目を支援するLINEスタンプをつくりました（236ページのイラストがそれです。ダウンロードページにとべるQRコードも掲載します）。もしよろしければ、ご活用ください。

また、僕が経営しているモティファイという会社のサイトでも、ブログやポッドキャストで働き方について発信しておりますので、ぜひご覧いただけましたら幸いです(http://www.motify.work/batteries/)。

最後に、本書にご協力くださいました山路達也さん、蒼井千恵さん、青木千恵さん、青野誠さん、阿部真紀さん、新井杏さん、石田梓さん、池原真佐子さん、井上一鷹さん、井上広法さん、大野将希さん、小川淳さん、樫村周磨さん、片貝朋康さん、上条美澄さん、岸本しのぶさん、栗城史多さん、志水静香さん、世羅侑未さん、染谷亜記子さん、羽田幸広さん、林要さん、早野勇輝さん、樋口敦士さん、平原依文さん、星野珠枝さん、殿岡弘江さん、沼田尚志さん、丸山咲さん、八木春香さんに心より御礼申し上げます。

2018年2月

ピョートル・フェリークス・グジバチ

※スタンプに関するお問い合わせは www.pronoiagroup.com/jp までお願いします

参考文献

『秘められた和食史』（カタジーナ・チフィエルトカ著　安原美帆訳　新泉社）
「書評論文　近代日本の国民食：日本食の形成における『軍隊』の役割」（京都大学　安井大輔著）
「肥満症におけるゲノム・エピゲノム医学の進歩」「日本内科学会雑誌」（橋本貢士・小川佳宏著）
『明日、会社に行くのが楽しみになる仕事コツ辞典』（文響社編集部編　文響社）
「体内時計に影響する『ブルーライト』」（オムロンヘルスケア http://www.healthcare.omron.co.jp/resource/column/topics/152.html）
『集中力』（井上一鷹著　日本能率協会マネジメントセンター）
「Five New Management Metrics You Need To Know」（Bruce Upbin, *Forbes* 2011.12.13 https://www.forbes.com/sites/bruceupbin/2011/12/13/five-new-management-metrics-you-need-to-know/#430630267717d）
「週刊ダイヤモンド」２０１７年1月14日号
『超人の秘密』（スティーヴン・コトラー著　熊谷玲美訳　早川書房）
“How To Hack Into Your Flow State And Quintuple Your Productivity”（Stephanie Vozza, *FASTCOMPANY* https://www.fastcompany.com/3031052/how-to-hack-into-your-flow-state-and-quintuple-your-productivity）
『ワーク・スマート』（岩村水樹著　中央公論新社）
「日経ビジネスアソシエ」２０１７年9月号
“Meta-analytic evidence for common and distinct neural networks associated with directly experienced

pain and empathy for pain." （Lamm C, Decety J, Singer T *PubMed* NCBI）
（https://www.ncbi.nlm.nih.gov/pubmed/20946964）
"Short-Term Compassion Training Increases Prosocial Behavior in a Newly Developed Prosocial Game"
（Susanne Leiberg,Olga Klimecki,Tania Singer' *Plosone* http://pubman.mpdl.mpg.de/pubman/item/escidoc:858562:8/component/escidoc:2057048/Leiberg_Short-Term.pdf）

ピョートル・フェリークス・グジバチ

ポーランド生まれ。ドイツ、オランダ、アメリカで暮らした後、2000年に来日。2002年よりベルリッツにてグローバルビジネスソリューション部門アジアパシフィック責任者を経て、2006年よりモルガン・スタンレーにてラーニング＆ディベロップメントヴァイスプレジデント、2011年よりグーグルにて、アジアパシフィックでのピープルディベロップメント、さらに2014年からは、グローバルでのラーニング・ストラテジーに携わり、人材育成と組織開発、リーダーシップ開発などの分野で活躍。合気道も行なう。現在は独立し、プロノイアとモティファイの2社を経営。著書に『0秒リーダーシップ』(すばる舎)、『世界一速く結果を出す人は、なぜ、メールを使わないのか』(SBクリエイティブ)。

www.pronoiagroup.com/jp

www.motify.work

Google流
疲れない働き方

2018年3月16日　初版第1刷発行

著　者	ピョートル・フェリークス・グジバチ
発行者	小川 淳
発行所	ＳＢクリエイティブ株式会社 〒106-0032　東京都港区六本木2-4-5 電話03-5549-1201(営業部)
編集協力	山路達也
装丁・本文デザイン	小口翔平＋上坊菜々子(tobufune)
ＤＴＰ	株式会社キャップス
校正	新田光敏
編集担当	多根由希絵
印刷・製本	中央精版印刷株式会社

ISBN 978-4-7973-9536-5